BERNARDO
STAMATEAS

SIEMPRE TE
Amará

EXPERIMENTA EL AMOR DE DIOS CADA DÍA

W
WHITAKER
HOUSE
Español

Editado por: Ofelia Pérez

Siempre te amará
Experimenta el amor de Dios cada día
© 2023 por Bernardo Stamateas

ISBN: 979-8-88769-026-1
eBook ISBN: 979-8-88769-028-5
Impreso en Estados Unidos.

Whitaker House
1030 Hunt Valley Circle
New Kensington, PA 15068
www.whitakerhouse.com

Por favor, envíe sugerencias sobre este libro a: comentarios@whitakerhouse.com.

1 2 3 4 5 6 7 8 9 10 11 ⊔⊔ 30 29 28 27 26 25 24 23

ÍNDICE

INTRODUCCIÓN

¡Hola! Estamos nuevamente juntos. Fue hermoso haber compartido a través de mis libros anteriores. Ahora, en este libro, nadaremos en esas aguas muy profundas de su amor; nadaremos "cantando su amor", porque eso es lo que representa el libro de Cantares.

En este tiempo, he recibido muchas cartas de ustedes, mis lectores. Las he leído una por una, y cada una de ellas conmovió mi espíritu; fui empujado otra vez por el Señor a compartirte lo que Él dispuso para ti.

A cada pregunta, daré mi explicación vivencial con respecto al libro de Cantares. Este libro, *Siempre te amará*, fue escrito para ti. Y sé que con cada respuesta serás impulsado a nadar en las aguas muy profundas de su amor, y a quedarte allí.

Carta 1

¿QUÉ SIGNIFICA LLEGAR A SER UNO EN SU AMOR?

Es toda una experiencia. Durante muchos años recurrí a comentarios bíblicos con el propósito de encontrar explicaciones y los significados de los pasajes, cosas como marco cultural o contextual. Sin embargo, debo confesar que, al estudiar el libro de Cantares, dejé de lado todo eso, porque Cantares debe leerse como un *comentario vivencial*, tal como con una carta de amor, a la cual no hacemos "exégesis" o "análisis contextuales", y solo dejamos que las palabras allí escritas derramen el amor que contienen. Una carta de amor. ¡Tal cual!

Esta pregunta es muy amplia, a la que daré una respuesta específica.

El libro de Cantares es el libro más sencillo, pero a la vez, el más profundo de la Biblia. Es un mapa del amor, una anatomía del amor; el plan de Dios para cada uno. Comparo Cantares con un banquete donde cada plato tiene un sabor nuevo que nunca hemos probado y cada manjar es delicioso al paladar. Cantares no es un libro para *estudiar*, sino para *experimentar*. Cantares es un superlativo para decir: "La mejor de las mejores". Es decir, de las 1005 canciones que escribió Salomón, esta es "el Cántico de todos los Cánticos". Para nosotros, sin duda, nuestra comunión con Dios debe ser lo mejor de todo lo que hemos hecho, y hacemos y haremos.

El libro es un amor que va en aumento. Cada capítulo nos muestra cómo debe aumentar el amor y el ser uno con Dios. La vida cristiana es una relación amorosa en desarrollo.

El primer momento en que se *conocen*.

El trato de él hacia ella: *la transformación*.

La unión perfecta: *el ser uno*.

Este libro no es un cantar; como el libro de los Salmos que escribió David, es mucho más que eso. Salomón es inspirado a escribir "la canción de las canciones", "el mejor de los cánticos". ¡El amor en una canción! Y una canción de amor no se analiza, se vive.

Es ir al lugar santísimo.

Es nadar en lo profundo de su amor.

En los Salmos le cantamos al amor; en Cantares, Dios nos canta *su* amor. Su Palabra y Cristo son lo mismo; leo su Palabra, pero lo veo a Él. Esto no se puede teorizar o dar una explicación;

las palabras son insuficientes. Es por eso que Cantar de los Cantares recurre a poesía, imágenes, símbolos o metáforas. Por ejemplo, se citan veintiún especies aromáticas, quince tipos de animales, quince lugares geográficos y más ¡en solo 117 versículos que tiene el libro!

Cantares habla de esa unión y, de pronto, una imagen de jardín aparece como metáfora para luego comprobar que la misma queda pequeña. Ella va "al palacio del rey", pero luego, describir esa unión es una imagen que también queda incompleta.

Entonces se recurre a la metáfora de la *unión matrimonial*. Y así vamos por todo el libro: el mejor canto de los cantos que va de un paso al otro, de una metáfora a otra. Todo el libro es un sinnúmero de imágenes que parecen capturar y darnos la respuesta a nuestra pregunta.

No obstante, cuando parece que describe la unión o "llegar a ser uno" tal como la unión matrimonial, al parecer la metáfora también es limitada para hablar de ello. Y luego, en una frustración amorosa, utiliza otra metáfora para después pasar a otra… y a otra. De modo que, le mejor forma de expresarlo, es diciendo que aquello dejaría de ser unión para ser *una experiencia del alma*. Unión es quedarse sin palabras para expresar qué es.

La novia de Cantares parece también querer responder nuestra pregunta. Ella vio una imagen que la satisfizo como respuesta, entonces dijo: "Él es mi jardín, es mi amor, es mi rey", entre otras aseveraciones; para finalmente decir que es todo eso y es nada de eso.

Nunca podremos poner en palabras lo que es nadar en el océano infinito de su bondad, disfrutar de su resplandor sin límites.

La novia descubre que debe "verlo a Él"; no pone el foco en su poder, sus dones, sus milagros, aunque sí los ve en el relato de Cantares. El corazón de ella solo está unido a Él. No espera, en esa unión, nada más que a Él. Y como estas palabras no terminan aún de responder nuestra pregunta, viene una doble admiración: lo que logró ver de Él (se describe con detalles) y lo que no logró ver de Él: ¡una grandeza que escapa a su visión!

Amigo mío, unión es "ver y no ver". Ver la hermosura de Dios que me conmueve y a la vez su inmensidad que, en realidad, ¡no alcanzo a ver de tan grande que es! Ver algo del misterio, de lo que no logro captar de Él, de su majestuosidad, de su abismo incomprensible, de su eterna perfección. Los ángeles que contemplaban al Señor en Isaías tenían seis alas. Dos cubrían sus rostros; otras dos, sus pies; y con las otras dos, volaban. Su corazón estaba descubierto; este es el lenguaje que explica lo qué es la unión con Él.

¿Unión es silencio en la admiración? No.

¿Es ver su hermosura que me hace cantar y adorarlo? No.

Hay mucho por descubrir sobre lo que es la *unión con su amor*.

Sigamos nadando en las demás cartas en la inmensidad de su amor.

La novia de Cantares parece haber descubierto todo sobre la unión con Él, pero hay mucho por experimentar aún.

¿POR QUÉ COMIENZA ASÍ EL LIBRO DE CANTARES: "SI ÉL ME BESARA CON BESOS DE SU BOCA"? (1:2)

El libro comienza y es ella quien habla primero. Toma la iniciativa, expresa su deseo, da el primer paso, para descubrir (como lo compartiré en otra carta) que ella tiene este deseo de amar porque previamente fue deseada y amada por Dios desde la eternidad.

Los seres humanos podemos amar a otros a nivel humano porque, al habernos amado Dios primero, su amor ha activado nuestro amor humano. La novia expresa su deseo de amor, aun antes de que el Amado entre en escena. Ella tiene un conocimiento en su espíritu de que fue amada primero. Es un amor que está en su pasado (sentirse amada), pero quiere ahora que ese amor vaya al presente y al futuro, de allí que pida los besos. El beso es la expresión de unión amorosa, de ser *uno*. Ella no pide milagros ni dinero ni ayuda; solo quiere ser *una* en el amor. ¡Qué claridad! Sabe que, si tiene esa unión de amor, lo tiene todo.

¡Cómo cambiaría nuestra vida si cada día le dijéramos al Señor: "¡Quiero ser uno contigo, nada más"! O: "Señor, no quiero pedirte nada, solo disfrutarte". Allí nuestra lista de pedidos y ese "dame y dame" quedarían en el olvido para descubrir que su amor es suave y fuerte. Veríamos el poder de su amor y la delicadeza de su poder.

Ella le dice a Él que esos besos son de su boca. No dice: "Si él me besara con su boca", sino "con los besos de su boca". Aquí vemos el lenguaje poético y amoroso de una expresión de amor. Ella expresa su enorme pasión por Él. Él es todo boca, es todo palabra. Por donde nos acerquemos a Él, todo es una palabra, una palabra amorosa. Cristo es *la palabra*. No hay palabra sin Cristo, ni Cristo sin palabra. Jesús dijo:

> *Si permanecéis en mí, y mis palabras permanecen en vosotros, pedid todo lo que queréis, y os será hecho.* (Juan 15:7)

Se preguntaron los dos caminantes de Emaús, mientras recordaban a Jesús cuando caminó con ellos: "¿No ardía nuestro corazón cuando nos hablaba?". Cada palabra que Él nos da debemos besarla, unirnos a ella, porque esa palabra es Él; es su boca que habla dulcemente. Solo su Palabra nos hace volver a tener un corazón ardiente.

El beso es la unión de lo humano con lo divino; nuestra unión con Él. Un alumno espera que le enseñen; un cliente espera un producto; un superior espera respeto. Pero quien pide un beso, espera amor.

¿Te has dado cuenta de que la amada no le dice al Amado: "Si tú me besaras", sino que lo hace en tercera persona: "Si él me besara"? Es como si ella nos invitara a nosotros a pedir la misma experiencia. Leemos en Números 12:8 que Dios hablaba "boca a boca con Moisés".

¿Estás besando su Palabra?

Carta 3

PANORAMA DE CANTARES

Cantares es una especie de *lugar santísimo*. En una lectura natural vemos a dos personas que se aman y construyen su amor mutuo. Hay señales de vida afectiva, sexual, etc. Sin embargo, así como todas las cosas tienen una cara externa y otra interna, de esa manera debemos abordarlo: salir de su lectura superficial o externa para ver la metáfora, el símbolo, el misterio que subyacen dentro de él.

Todos tenemos relación con Dios; algunos oran, otros adoran; el meollo es cómo aumentar nuestra comunión diaria con Él. De solo orar en algún momento del día, como hacen unos, a vivir a Cristo las 24 horas, como otros lo hacen. Tanto unos como otros tienen comunión, pero los segundos tienen comunión de alto nivel o de mayor profundidad. Cantares nos enseña que debemos procurar construir una mayor profundidad en el amor con Dios.

Hay tres momentos en el libro de Cantares, según Watchman Nee:

1. salvación

2. transformación

3. unión

Otra opción es verlo como *cinco canciones de amor*. Ella es una campesina que conoce a un muchacho pastor de quien se enamora; ella va a Él, así como es, y se atraen; para luego ella descubrir que ese pastor es el Rey. Él la lleva al palacio y ella disfruta de todas las bendiciones, para luego terminar juntos en un campo nuevo y distinto.

Podríamos decir, desde una perspectiva vivencial y no exegética, que conviven en esta lectura:

una campesina,
un pastor,
un Rey,
un palacio,
guardianes y doncellas del palacio, y
un futuro de amor.

Así lo hemos vivido todos los que ya hemos conocido al pastor de pastores, y sabemos que es Rey y viviremos en la eternidad un día con Él. Que Él planificó todo antes de la fundación del mundo.

¿Por qué este es "el cántico de los cánticos"? Porque es la canción que hace el Amado. No es la canción de ella, sino el amor que Dios nos tiene a cada uno. Ella canta en la canción de su amor. Podemos amar (cantar) porque Él nos amó primero.

Todo el libro consiste en verlo a Él; Él es el foco. Cristo está

en todo el libro; Él es la figura principal. Todo tiene que ver con su amor. Jesús dijo: *El Padre ama al hijo* (Juan 3:35); y luego dijo: *Amo al Padre* (Juan 14:31). Más adelante expresó: *El Padre me ha amado* (Juan 15:9); y ahora nosotros podemos decir: *Nosotros le amamos a él, porque él nos amó primero* (1 Juan 4:19). En Cantares 1:4 dice: *Nos acordaremos de tus amores.* Cristiano, ¡no te olvides de su amor! ¡Recuérdalo cada día!

Si esto te mueve a adorarlo en este momento. ¡Hazlo!

Carta 4

¿CÓMO SALIR DE LA RUTINA ESPIRITUAL?

El amor de Dios es uno y su expresión es infinita. Lo explico ahora con detalle. Cantares empieza cuando ella dice en 1:2: *Oh, si él me besara con besos de su boca*. La boca es una, pero la expresión de ese amor es multiforme, por ejemplo: los besos. Observemos todos los plurales, pues indican variedad. También: "mejores son tus amores". Y en el versículo 3 declara: *A más del olor de tus suaves ungüentos*. Vemos entonces que tales expresiones son respecto del amor de Dios, donde las imágenes se refieren a los sentidos: tacto, olfato, gusto, vista y oído.

¡No hay manera de aburrirse! ¡Cada expresión de nuestra comunión con Él puede ser tan distinta! Somos nosotros los que repetimos una y otra vez nuestras acciones ante un Dios que nunca se repite. Estas sorpresas de Él nacen de su carácter amoroso. La amada lo aclara y así lo entiende en el versículo 3, al expresar: *Tu nombre es como ungüento derramado*.

El nombre de Él es su carácter, su persona. Ella apela a su carácter; lo ama a Él y Él le expresa a ella ese amor de mil maneras.

Son tantas y tan variadas las expresiones de su amor que todos los demás las ven y son tocados también. ¿Tu familia y tus amigos pueden oler el perfume espiritual derramado en ti? Es por esta razón que al final del versículo 3 ella dice: *Por eso las doncellas te aman*. Esas doncellas son aquellos que están cerca de nosotros. Dice luego en el 1:4:

> *Nos gozaremos y alegraremos en ti; nos acordaremos de tus amores más que del vino; con razón te aman*.

El beso es hacia ella; esto es lo infundido, lo interno. Luego el perfume es derramado hacia otros; es la efusión, lo externo. Mis experiencias de comunión buscándolo a Él traen hacia mí muchas maneras distintas de su amor. Ese amor se derrama hacia todos y ellos son envueltos en ese amor.

Para subrayar, leamos además también en el 4: *El rey me ha metido en sus cámaras*. Más que pedirle a Dios que toque y cambie a otros, debo pedirle que me meta a mí en Él. Cuando voy a Él, me introduce en sus "recámaras" y vivo muchas experiencias nuevas.

En este punto puedo decirte que la tibieza y el aburrimiento espiritual es la pérdida de la comunión diaria con Él. Pero cuando nos dejamos amar por Él, lo que sucede es que ese amor perfumado nos llena. De allí que el Amado ahora la mira a ella y le dice en 4:10:

> ¡Cuán hermosos son tus amores, hermana, esposa mía! ¡Cuánto mejores que el vino tus amores, y el olor de tus ungüentos que todas las especias aromáticas!

Él la mira a ella y ve que está llena de amor, de perfume, el mismo que Él derramó sobre ella. Eso es la unión con Él.

¿Estás teniendo una relación con Él que va en aumento?

¿Le has pedido alguna vez que te introduzca en sus recámaras?

Carta 5

¿CÓMO ES EL VÍNCULO CON EL SEÑOR A MEDIDA QUE PASA EL TIEMPO?

Un detalle interesante en todo el libro de Cantares es que no aparece la palabra "Dios" (al igual que en el libro de Ester); pero Dios está en todo el libro bajo el nombre de su ser, de su esencia: *el amor*. Una cosa es no mencionar a Dios y otra es excluirlo. El hecho de que el texto no lo mencione no significa que lo excluya.

Todo el libro es la construcción de un lenguaje, el del amor de ella hacia Él y de Él hacia ella. Es un lenguaje cariñoso, afectuoso, delicado, profundo, íntimo. Se ha construido en el vínculo un lenguaje personal, íntimo, privado. Esta es la señal, diríamos visible, de un vínculo con Él que aumenta. Es un lenguaje íntimo, dicho y oído de manera recíproca, rodeado de un disfrute extraordinario de tenerse mutuamente. Uno puede llamar al Señor de muchas maneras: Rey, Salvador, pastor, Señor, entre otras maneras. Ella lo llama a Él "mi amado", porque cuando uno lo llama así está diciendo ¡que es todo eso y más! "Amado" contiene todo su ser: Él es amor. Es la expresión máxima que uno puede decir si la relación con Él es tanta como para decirle "mi Amado".

Van pasando los años y lo vamos amando, vamos conviviendo y disfrutando de Él. Y aun cuando estemos nadando en aguas muy profundas con Él, siempre nos sentiremos como un niño que moja sus pies en el gran océano de su amor.

No dejes de decirle cada día y a cada momento "Señor, te amo"; vive de manera personal, cariñosa, sencilla y de corazón tu comunión con Él. Vive de modo que con confianza lo llames "mi amado".

¿Te animas a orar y dirigirte a Él así en este momento?

Carta 6

EL GOZO DE VERLO A ÉL

Todo el foco en Cantares es Él. No es "yo" o lo que me pasa "a mí". Y aunque la novia describe muchas vivencias de verlo a Él, puede hacerlo porque su foco no es sentir algo en particular, sino que es Él. Todo su mover es hacia Él.

La vida de ella se mueve hacia Él; ella lo desea, lo busca, le pide que la bese con besos de su boca, le habla, lo toma de la mano. Ella tiene el deseo del amor. Sin embargo, cuando experimenta ser uno con Él, descubre que en realidad ¡ella fue atraída por Él! Que no fue su deseo de amor, sino que fue el amor de Él el motor que la hizo desear a ella.

Que el amor de Él fue una fuerza de atracción invisible, poderosa e inexplicable.

La novia pensó que con sus fuerzas lo buscó, le pidió, le habló; pero al unirse al Señor, entonces tuvo luz para ver que fue Él quien la amó primero. Fue Él quien dio el primer paso; fue Él quien la deseó con amor eterno, la buscó, la atrajo y despertó el amor en ella. Pensó que su vida se movía hacia Él y descubrió que Él se acercó a ella. Pensó que ella lo deseó, pero Él la deseó primero. Pensó que ella lo amó primero, pero descubrió, al final del libro, en el 7:10:

Yo soy de mi amado, y él me busca con pasión.   (NVI)

Ese es el verdadero gozo: verlo a Él.

¿Puedes verlo en este momento?

Carta 7

¿CONTEMPLAR AL SEÑOR LLEVA AL MISTICISMO, AL AISLAMIENTO Y A LA PASIVIDAD?

El amor es unitivo, nos conduce a la unión con la persona que amamos. Así, la amada en Cantares quiere ser una con Él, y Él uno con ella. ¿Es esto algo místico? Este término posee mucha carga y tiene significados distintos para muchas personas.

El amor es un lenguaje, y ese lenguaje solo lo comprende quien ama y quien es amado. Así como en una pareja se aman, se hablan, comparten, los amigos no pueden capturar ni entender ese amor, dado que el amor pertenece siempre al amado y al amante. ¿Lo llamaríamos místico? Me gustaría llamarlo más bien misterioso. Es el misterio del amor que, para quienes se aman, no lo es.

¿Genera el amor natural aislamiento y pasividad? ¡No! ¡Mucho menos el amor de Dios! Esta experiencia genera dos hechos:

- La contemplación y el disfrute de quien amamos.
- La acción de hacer algo para quien amamos.

Lo primero ya lo he compartido en la Carta 1; mira lo que dice Cantares 1:4: *Atráeme; en pos de ti correremos.* ¡Es un amor que nos lleva a movernos! ¡A correr! Es un amor invisible (el de Dios) que siempre termina en lo visible (el prójimo). El amor es invisible-visible, si no, no es el amor de Dios.

Ella le dice "atráeme" en singular, para luego afirmar que "correremos", en plural. Si yo lo busco, muchos correrán también. Ella no dice "atráenos" sino "atráeme". Es decir, si el amor de Dios llega a mí, muchos otros serán atraídos. Aquí podemos ver el principio de "tú y tu casa" (ver Hechos 16:31).

De este modo, la comunión de los amantes les está reservada a ellos, pero siempre desemboca en los demás, expresando ese amor eterno a todos.

¿Con quién te gustaría compartir hoy ese amor?

¿Por qué no lo llamas a Él y se lo dices?

Carta 8

¿CUÁLES SON LAS EVIDENCIAS DE QUE ALGUIEN VIVE EN COMUNIÓN CON DIOS?

Esta pregunta es importante y las respuestas son muchas. Pero te compartiré una sola evidencia para que medites en ello.

Los sabios han llamado a Cantares el "lugar santísimo": lo santo de lo santo. Leemos en Cantares 1:6: *No reparéis en que soy morena, porque el sol me miró*. Ella está trabajando bajo el sol; podemos decir que lo hace de sol a sol. Es como Marta, aquel personaje de Lucas 10:41 que trabaja sin parar. Ella funciona en modo alma.

En Cantares 2:3 la novia tiene un cambio y expresa: *Bajo la sombra del deseado me senté, y su fruto fue dulce a mi paladar.* Ella ahora se mueve en modo espíritu. Se sienta debajo de Él. Ella ahora tiene sombra.

¿Cuándo sucede la comunión? Cuando hay paz en el espíritu y no trabajas en tus propias fuerzas. ¡Pero ella claro que trabaja, y más que antes! Pero lo hace en el reposo del espíritu y con placer. Ella come de Él y lo hace con vida, con gozo, con alegría. Ella tiene el fruto de Él que es su beso, su amor. Pablo lo resume en Romanos 8:6 al decir que poner la mente en el espíritu es "vida y paz".

¿Cuáles son entonces las señales para saber si estamos en comunión con Él? Son el descanso y el placer de vivir *su* vida, lo cual se transmite en el hablar, el hacer y el pensar, y es provocado por la dulce presencia del Amado.

Pídele eso ahora al Señor.

Carta 9

¿QUÉ LO MOTIVÓ A ESCRIBIR CUATRO LIBROS EN SERIE?

Escribí cuatro libros porque cuatro colores son los que tenía el velo en la entrada al lugar santísimo, ¡velo que fue rasgado por la muerte de nuestro Señor! ¡Ahora podemos vivir en su presencia! Son cuatro porque simbolizan todo el universo. La comunión con Él es hacia el norte, el sur, el este y el oeste.

En este cuarto libro, *Siempre te amará*, decidí contestar preguntas que he recibido, por medio de cartas sobre la unión máxima: la unión con el amor de Dios. Son 40 cartas, símbolo de un cambio de generación. La Biblia está llena periodos de 40: salir *de* para llegar *a*.

La razón de cada carta está en Cantares 1:8:

Si tú no lo sabes, oh hermosa entre las mujeres, ve, sigue las huellas del rebaño, y apacienta tus cabritas junto a las cabañas de los pastores.

Ella está buscando al pastor; quiere saber dónde está Él. Entonces le dice que siga "las huellas del rebaño". Las huellas son las pisadas, el caminar que nos lleva al Pastor. Esas huellas son los ejercicios, cada uno es una pisada que nos lleva a verlo a Él. En cada ejercicio debes seguirlo, pues te llevará a Él.

Muchos hombres de Dios nos han dejado sus huellas y nos pararemos en ellas, como leíste en los otros libros, para luego nosotros dar un paso más y así guiar a los que vienen detrás. Las huellas son solo eso, medios probados que nos llevan a Él, para que podamos también llevar a otros (tus cabritos) a Cristo.

Somos llevados a Él para que también podamos llevar a otros. Esa es nuestra tarea: seguir las huellas, porque al seguirlas, dejamos huellas para aquellos que vienen detrás.

¿A quién le enseñarás hoy tus huellas? Llámalo y compártele tu experiencia.

Carta 10

¿CÓMO LIDIAR CON EL PECADO EN NUESTRA VIDA, Y QUÉ SUCEDE CUANDO PECAMOS?

Primero comenzaré por la segunda parte de la pregunta: ¿Qué sucede cuando pecamos? No debería sorprendernos cuando nos equivocamos y hacemos algo mal. Tenemos una naturaleza caída. Si nos sorprende equivocarnos, será porque tenemos una muy alta expectativa de nuestra alma.

No deberíamos castigarnos cuando pecamos, dado que no es por sufrimiento que se repara el error. La belleza es armonía, lo que implica que cada cosa está en su proporción exacta. El pecado rompe ese equilibrio, porque es exceso o defecto; siempre es desequilibro. Mentir, engañar, criticar, robar, etc., son comida en mal estado, por decirlo de alguna manera. Imagínate un alimento caduco. Sí, podría alimentarnos, pero traerá enfermedad a nuestro cuerpo. Así, frente a cada pecado, no es el castigo lo que nos debe preocupar, sino la pérdida de disfrutar de ese amor. No es lo que Dios me hace si peco, sino lo que yo pierdo de Él. Dice la amada en Cantares 1:6:

> *Los hijos de mi madre se airaron contra mí; me pusieron a guardar las viñas; y mi viña, que era mía, no guardé.*

Ella se ocupó de ver a otros, de mirar otras viñas, y eso siempre lleva a descuidar el propio espíritu.

Ahora contesto la primera parte de la pregunta: ¿Cómo lidiar con el pecado en nuestra vida? Dios tiene una medicina divina para el pecado, para el desequilibrio que provoca. Yo cambiaría la pregunta por esta: ¿Qué hace Dios cuando ve pecado en mi vida? Recuerda que todo comienza en Él. Cuando nuestro espíritu es descuidado, cuando pecamos, Él envía una dosis extra de su amor, y lo hace para que se mezcle con nuestro error. Donde hay pecado, hay sobreabundancia de gracia (ver Romanos 5:20).

El amor de Dios nos cautiva, nos desarma, nos humilla, nos hace dóciles y conduce a dejar esa conducta en la cruz para que muera. Eso lo llevamos a cabo sin castigarnos ni enojarnos con nosotros mismos, ni justificando lo que hemos hecho; solo para entregárselo a Él. Allí en la cruz es que podemos experimentar que todo cambio que Él hace en nosotros es siempre dándonos un extra de su amor. Cuando se produce el cambio, sabemos que fue gracias a su amor y no a nuestro esfuerzo para mejorar nuestra conducta.

Dios no solo mezcla su amor con nuestro pecado para producir limpieza, sino que además lo mezcla con nuestro dolor para producir su gozo; lo mezcla con nuestra soledad para producir su presencia; lo mezcla con nuestros miedos para producir su valor. Todo para finalmente descubrir que su amor es mayor. ¡La mezcla es su método!

Dice en Cantares 5:2 que el Amado fue a buscar a la amada a su casa. Ella pone excusas para abrirle, porque está encerrada en sí misma. Él le dice:

Ábreme, hermana mía, amiga mía, paloma mía, perfecta mía. Porque mi cabeza está llena de rocío; mis cabellos de las gotas de la noche.

Esa es la dosis extra de su amor. Él no murió solo precisamente por nuestros pecados; Él murió por amor y fue su amor el que venció todo y del cual nada nos puede separar, ni aun nuestros pecados.

En todo el libro de Cantares el Amado le da una dosis extra de amor. La llama:

Amiga mía (1:9, 15; 2:2, 10, 13; 4:1, 7; 5:2; 6:4)

Hermosa mía (2:10, 13)

Paloma mía (2:14; 5:2; 6:9)

Esposa mía (4:8-12; 5:1)

Hermana mía (4:9-10, 12; 5:1-2)

Mi huerto (5:1)

Perfecta mía (5:2; 6:9)

Tú que habitas en los huertos (8:13)

Hija de príncipe (7:1)

¿Estás experimentando ahora su amor?

Carta 11

¿CÓMO ES TENER EXPERIENCIAS CON EL SEÑOR?

La vida cristiana es una experiencia, si no, ¡no es nada! Dejemos en claro algunos conceptos:

Tener la experiencia de la comunión es tener una experiencia con el Señor. No es un saber del Señor, o tener una teoría o un mensaje, sino una vivencia. La experiencia de la comunión con Dios es durante las 24 horas del día. No es tener un devocional, y aparte toda nuestra vida laboral, de pareja, familiar, etc. ¡No! La comunión con Dios se vive en lo cotidiano.

Tener la experiencia de la comunión es vivir una vida normal. Muchas veces el término "experiencias" se asocia a lo espectacular, a ver ángeles o tener visiones; pero más allá de esto, el tener comunión diaria es una vivencia habitual. Los cristianos no somos gente rara que habla extraño, sino gente que disfruta del amor del Señor.

Una vez que se tiene y se vive en intimidad con el Señor, indefectiblemente a partir de allí sucede algo, y es que ¡somos transformados por Él! Nuestra vida es modificada a su imagen. Esto no es un cambio que uno puede tener y luego perder; tampoco es una transformación en la que se modifica algo que nunca más se perderá. Si pudiéramos analizar el proceso de la experiencia de comunión sería:

Me olvido de mí; saco mi atención de mí.

Pongo mi atención en Él; disfruto de su presencia.

Me veo, y percibo que algo se ha transformado en mí. Cristo crece en mí.

Eso es lo que le sucede a la amada en Cantares. A medida que ella experimenta más profundidad con su Amado, está siendo cambiada. Al principio del libro, el Amado la compara con una "yegua"; después dice que tiene "ojos de paloma"; y luego la denomina "columna". Witness Lee dice: "Así ella va adquiriendo más de su Novio en ella".

Nunca terminaremos de conocer en profundidad al Señor; pero sí estamos seguros de que seremos asombrados por Él y, cuando otros nos vean, dirán: "Estás distinto". Los primeros sorprendidos de esa transformación—de la cual muchas veces somos los últimos en enterarnos—somos nosotros.

No hay vida en Cristo sin experiencia de comunión cada día, en cada área, llenándonos y disfrutando de Él para ser transformados; para luego impartir esa gracia a quienes no conocen al Señor.

Comunión es el mutuo disfrute: Él de nosotros y nosotros de Él.

¡A disfrutar de Él!

Carta 12

¿CUÁL SERÍA UN BUEN CONSEJO PARA DARLE A UN CREYENTE A QUIEN SE ESTÁ DISCIPULANDO?

Mi felicitación va para todos aquellos que están discipulando y formando a otros. Todo lo que recibimos de Él es para que salga de nosotros y el cuerpo crezca. Más allá de yo dar pasajes como respuesta, invito a que leas la Biblia tú mismo. ¿Puedes prometerme eso?

En el libro de Cantares existen cinco descripciones del Rey que hace la amada. La primera descripción se encuentra en 1:9-11; la segunda en 2:14; la tercera en el capítulo 4; la cuarta en 6:4-13 y la quinta en el capítulo 7. En estas descripciones poéticas y simbólicas que la novia hace del Rey, notarás que todas poseen similitudes y algunas diferencias que, a la vez, se complementan. La última es la más completa de todas: ella ha crecido en su relación con Dios y ve aspectos de Él que antes no veía.

Este es, pues, el consejo para dar a todo discípulo: deja de mirarte a ti y comienza a dedicarte a contemplarlo a Él; a buscar cómo es Él, sus atributos y belleza. Y a medida que pase el tiempo, tu descripción de cómo es tu Señor habrá aumentado. No te enfoques más en qué sientes tú, en lo que te pasa o qué necesitas. Mengua para que Él sea tu todo, y entrarás en las aguas profundas de su amor.

La meta de todo aquel que discipula es llevar a otros a la madurez, a las aguas profundas. Dice en Cantares 8:8:

> *Tenemos una hermana pequeña, y todavía no tiene pechos;*
> *¿qué haremos por nuestra hermana el día en que sea*
> *pedida?* (LBLA)

La amada ve que ambos tienen una hermana inmadura, joven, sin desarrollar. Ella representa a la gente que aún no nada en las profundidades de su amor; ellos no han crecido. La amada está conversando con el Amado y menciona que algo deben hacer. ¡El amor de Dios es para todos!

Ahora ella dice algo interesante en el versículo 9:

> *Si ella es una muralla, edificaremos sobre ella un baluarte*
> *de plata; pero si es una puerta, la reforzaremos con tablas*
> *de cedro.* (LBLA)

La novia ve que la hermana pequeña puede ser un muro o una puerta. Si ella es una "pared" firme, inquebrantable, decidida en su fe, terminará siendo ¡un palacio! Si ella es una "puerta", es decir, que cede, que está abierta fácilmente a cualquier idea de moda, doctrina o comentario, entonces es cambiante, insegura; igualmente trabajemos en ella para reforzarla con cedro. ¡Haremos que tenga una protección! ¡No perderemos a nadie! ¡Gracias por quienes nadan en aguas profundas y nos ayudan a seguir!

La amada dice en 8:10:

Yo soy una muralla, y mis pechos como torres, entonces fui a sus ojos como quien halla la paz.   (LBLA)

Ella dice que es como un "muro", por eso puede ayudar al inmaduro. Ella creció y, ahora que es muro, quiere ayudar a otros. Cuando nadamos en aguas profundas, ¡amamos llevar a otros a nadar también! No nos aislamos disfrutando del Señor, sino que queremos ver a miles nadando con nosotros. No hay mérito personal en esto; todo fue y es por el amor de Él.

¿Puedes llamar ahora a tu discípulo y decirle esto?

Carta 13

¿AL UNIRNOS A ÉL QUEDAMOS DISUELTOS, ANIQUILADOS, Y NOS TRANSFORMAMOS EN PEQUEÑOS DIOSES O EN DIOS MISMO?

Ninguna de las opciones anteriores. Fuimos creados como "vasos" para ser llenos de Dios. El apóstol Pablo decía que él vivía a Cristo, no para Cristo.

Él no quiere mejorarme. Es decir, que tenga un poco más de fuerza, un poco más de seguridad, o algo parecido. No. Él no vino a ayudarnos, sino a transformarnos a su imagen. Esta unión no implica la aniquilación de nuestra personalidad; seguimos teniendo nuestro estilo y nuestra manera de ser. Así lo percibimos al leer los escritos de David, de Pablo, de Juan; ya que, aunque todos fueron inspirados por el Espíritu Santo, cada uno mantiene su personalidad.

Él sí quiere aniquilar nuestro autogobierno, el "a mi manera" de nuestra alma sobre nosotros, para que sea Él quien nos dirija. Porque somos uno en Él; un solo espíritu, dice Pablo. Compartimos su vida, pero eso no nos hace Dios ni pequeños "dioses", sino uno en Él.

Gozamos de su vivir, pero nunca de su divinidad. La rama siempre será rama y el árbol, árbol. Ambos están unidos como uno, fluye la savia del árbol a la rama. Así fluye su vida en nosotros.

Si solo vemos a Dios en partes (su sanidad, su prosperidad, etc.) y no lo vemos como un todo, nunca alcanzaremos la unidad. Dios no quiere darnos cosas. ¡Él quiere darse a sí mismo! Él es un todo. Cuando le digas: "Señor, te anhelo a ti", todo de Él se unirá a ti. Y para llegar a eso, míralo solo a Él. En esa unión, tu *yo* se pierde, pues toda tu atención es Él. Cuando me miro a mí mismo para ver cómo lo veo a Él, dejé de verlo a Él para mirarme a mí.

El Amado le dice a la amada en Cantares 6:13: *Vuélvete, vuélvete, oh, sulamita*. El término "sulamita", que aparece por primera vez en toda la canción, es el femenino de Salomón, ¡porque ella se ha vuelvo en esa unión una copia de Él! Así, al unirnos a Él, seremos transformados a la misma imagen de nuestro Señor.

Miremos cómo ella lo ve a Él; pero luego miremos cómo Él la ve a ella de igual manera. ¿Qué sucedió? Ella vio la gloria en su Amado y se fue uniendo hasta ser el reflejo de Él. Ella lo ve a Él como un perfume en 1:3; Él la ve así en 4:10; ella lo ve como manojo de mirra (1:13); Él la ve así en 4:14; ella lo ve como una viña (1:14); Él la ve así en 4:13; ella lo ve a Él como un manzano en 2:3; Él la ve así en 7:8; ella lo ve como lirios en 5:13; Él la ve así en 7:2; ella lo ve a Él como cedros del Líbano en 5:15; Él la ve así en 4:11.

¡Qué privilegio! Te adoramos, Señor.

¿Le has dicho a Dios cuánto lo amas?

Carta 14

ACERCA DE LA IMPORTANCIA DE LLEVAR TODO A LA CRUZ

En mis tres libros anteriores hago énfasis constante sobre llevar todo a la cruz de Cristo. Y para este libro, en Cantares también observo cómo cruz y resurrección operan juntos.

Dice en Cantares 1:13-14:

Mi amado es para mí un manojito de mirra, que reposa entre mis pechos, racimo de flores de alheña en las viñas de En-gadi es para mí mi amado.

Observemos la simbología:

Manojo de mirra: la cruz.

Flores de alheña: la resurrección.

En el 1:17 se vuelve a remarcar la idea, al expresar: *Las vigas de nuestra casa son de cedro, y de ciprés los artesonados,* donde *cedro* es referencia a la resurrección y *ciprés* a la muerte (estos árboles se plantan al lado de los sepulcros).

En Cantares 2:5 dice: *Sustentadme con pasas, confortadme con manzanas; porque estoy enferma de amor,* donde *pasas* es referencia a la muerte de Cristo (la uva se relaciona con la muerte en cuanto a que es símbolo de su sangre derramada) y *manzanas* de su resurrección.

Dice Watchman Nee que existen dos momentos de la cruz. El primero es cuando entregamos, según nos muestra el Espíritu Santo, las cosas que deben morir en la cruz, para luego pasar a un segundo nivel, donde la cruz actúa automáticamente. Es decir, llevamos a lo largo del día lo que el Espíritu nos dice, pero ahora, en un nivel mucho más profundo, cosas del alma tales como opiniones, sensaciones, etc. Cuando algo muere de mí, algo resucita de Él.

Después de dedicar muchos años a escribir libros relacionados con la Biblia, J. N. Darby dijo a una edad ya avanzada: "Qué gran gozo no tener nada, no ser nada, ni ver nada, sino a un Cristo viviente en gloria, y no preocuparse de nada, sino de sus intereses aquí".

¡Muerte y vida en nosotros cada día! A practicar ahora.

Carta 15

¿CÓMO PODER VER LA BELLEZA DEL SEÑOR?

En todo el libro de Cantares la novia "canta" acerca de la belleza que ve en su Amado. En Cantares 1:16 dice: *He aquí eres hermoso, amado mío*. Ella describe al Amado varias veces en el libro; lo hace el doble de las veces que Él la describe a ella. Eso es un amor desbordante. Descubre que nuestro Señor es todo bello y eso la lleva a cantar, a adorar, a hablar, a contar de Él.

Pero también podríamos decir que habla el doble porque, en cada descripción que hace, siente que las palabras no alcanzan para narrar la belleza que contempla.

Sí, sucede eso...

Quienes enseñamos o predicamos ponemos en palabras las experiencias que tenemos con Él y descubrimos siempre cuán pobre muchas veces es lo que decimos, en comparación con lo que vivimos con Él.

Cuando contemplamos su belleza, experimentamos una unión con aquello que vemos. Diríamos que "se acortan las distancias". Percibimos que esa belleza "entra en mí y yo en Él". Una mezcla, una fusión, el ser uno con Él. Cuando la belleza de su amor nos toca, no necesitamos muchas explicaciones. Tan solo *ver*.

David expresaba que su único anhelo era contemplar cada día su hermosura, la hermosura del Señor. Es que una vez que la vemos, deseamos volver a verla a cada instante, una y otra vez. La amada lo describe a Él a lo largo del libro; pero luego de cantar y hablar de Él, ve que las palabras no alcanzan. Sucede entonces algo nuevo, diferente: el silencio. Ella solo lo observa, sin hablar, sin pensar, sin moverse. Queda quieta y conmovida. Se produjo así lo que llamamos el ciclo del amor. De las muchas palabras, al silencio de la contemplación, para luego volver a cantar y adorar. Le diremos *Santo, Santo, Santo* en la eternidad, y allí veremos algo nuevo de su hermosura y repetiremos: *Santo, Santo, Santo* ¡toda la eternidad no alcanzará para ver su infinito amor! Será un asombro constante.

Su belleza siempre nos vence, nos desarma, nos asombra.

Busca cada día algo nuevo de Él.

Busca cada día algo que te asombre de Él.

Busca cada día aprender algo nuevo de Él.

¿Te gustaría cantarle algo ahora?

Carta 16

¿QUÉ SIGNIFICA CANTARES 2:1: "¿YO SOY LA ROSA DE SARÓN, Y EL LIRIO DE LOS VALLES"?

La amada sabe quién es; ella posee una descripción correcta de sí misma. Ella se ve como una rosa, llena de perfume, pero sabe también que tiene espinos. Ella se ve como un hermoso lirio, pero sabe que está en un valle. Reconoce su belleza por ser amada; ella ve el "tesoro", pero sabe que es "barro". Esta manera de ver belleza en la finitud, de ver hermosura en el barro, de ver lo eterno en lo finito, la lleva a ser humilde.

Cada rosa es distinta de otra; ella sabe que Dios derrama la misma hermosura en todas, pero que cada una es diferente en el jardín. No debo imitar ni querer ser otra rosa, sino ser quien soy, sabiendo que Dios trabaja "a la medida" en mi vida.

El Amado le responde a ella y confirma su mirada. Él le dice en el versículo 2: *Como el lirio entre los espinos, así es mi amiga entre las doncellas*. Mientras veamos lo que Él es en nosotros y también percibamos nuestras debilidades y fragilidades, podremos llevar el perfume de su amor a cada lugar y a cada persona.

Recordemos a la viuda del relato bíblico del Antiguo Testamento que solo tenía una vasija de aceite, y juntó en su casa muchas vasijas vacías. Con esa única vasija con aceite llenó cada vasija vacía. Y cuando no hubo más vasijas vacías, el milagro del aceite que se multiplicaba cesó. El aceite siempre se multiplica cuando ve una vasija vacía, la llena; pero luego necesita otra vacía para que el aceite de su amor siga multiplicándose.

Sentirnos siempre llenos de Dios y a la vez siempre vacíos de Él nos mantiene en su amor. De allí que la amada en Cantares se sabe amada, pero, aun así, busca más amor de Él. Somos la rosa con espinos y el lirio en medio de los valles.

¿Puedes decirle ahora al Señor cuánto lo amas?

Carta 17

¿POR QUÉ HAY CREYENTES QUE SE APARTAN DEL SEÑOR?

Cantares 2:2 dice: *Como el lirio entre los espinos, así es mi amiga entre las doncellas.* Cuando el Amado la ve a ella, le dice que es un lirio, mientras todas las demás son espinos. De igual manera, la Amada, cuando lo ve a Él le dice: *Como el manzano entre los árboles silvestres, así es mi amado entre los jóvenes* (Cantares 2:3). Ella lo ve a Él como un manzano, pero a todos los demás como árboles silvestres. Esto es un amor exclusivo. Amor y punto, sin más. Significa que Dios, nuestro amado, es único. Él solo ve fuera de ella espinos, y ella solo fuera de Él árboles silvestres. El amor con Dios es tan grande que no vemos nada más.

En una ocasión, una mujer le preguntó a un sabio qué debía hacer, dado que ella amaba a dos hombres. Le preguntó: "¿Con cuál debo casarme?". A lo que el sabio respondió: "Con ninguno; si amas a dos, no amas a nadie, pues el verdadero amor es único y exclusivo".

Esta es la razón por la que muchas personas se apartan de Él.

Carta 18

¿CÓMO ES QUE DIOS NOS BENDICE; QUÉ PATRÓN UTILIZA, SI ES QUE USA ALGUNO?

Cantares 2:4 es un pasaje hermoso narrado por la amada: *Me llevó a la casa del banquete, y su bandera sobre mí fue amor.* Observemos algunas cosas interesantes.

Ella *fue llevada*; no es algo en lo que ella tomó la iniciativa. Siempre es Dios quien da el primer paso para bendecirnos.

La casa del banquete se refiere a la casa del vino, y era el lugar donde había jarras llenas de esta bebida. Los vasos de aquel sitio eran todos de oro. Un lugar de privilegio. ¡Es donde Él nos lleva para bendecirnos!

Hagamos de cada situación una *casa de alegría*. Y allí el Amado desplegará sobre nosotros (sin nada que nosotros hagamos) su bandera, es decir, una señal visible de su amor. ¡Una bandera es una señal visible de una bendición!

Cada bendición que Él nos da es su bandera de amor sobre nosotros. ¡Gracias, Señor, ¡por tus banderas!

Esa bandera *hacia* o *sobre* nosotros es una expresión de su amor.

Aprendí desde hace tiempo a ver las banderas de Él sobre mí en cada circunstancia. ¡Estamos rodeados de banderas! Señalan esa circunstancia o territorio plantado por una señal de su amor que otros también pueden ver; una decoración de Él visible a todos. Estas banderas de su amor pueden ser salud, prosperidad, ayuda, compañía, etc.

¿Y cuál es el patrón que Dios sigue para bendecirnos? Si leemos Cantares 1:4 podemos verlo:

El rey me ha metido en sus cámaras; nos gozaremos y alegraremos en ti; nos acordaremos de tus amores más que del vino; con razón te aman.

Ella fue llevada a lo íntimo de Él, a las recámaras de su corazón, al lugar santísimo. Allí disfrutó de Él. Luego Él la llevó, sin que ella se lo pidiera, a la sala de las bendiciones.

¿Puedes ver y enumerar ahora sus banderas de amor sobre tu vida?

Carta 19

SI EL AMOR HUMANO A VECES DUELE, ¿POR QUÉ DUELE EL DE DIOS?

La amada en Cantares lo expresa diciendo que "está enferma de amor". Ella habla del "dolor del amor", de estar enferma de amor. Lo dice literalmente en Cantares 2:5:

> Sustentadme con pasas, confortadme con manzanas; porque estoy enferma de amor.

Y en Cantares 5:8 pide:

> Yo os conjuro, oh doncellas de Jerusalén, si halláis a mi amado, que le hagáis saber que estoy enferma de amor.

Este dolor que ella siente no es porque el amor de Dios la ha lastimado, sino que ella, al ver toda la grandeza infinita del amor de su Amado y contemplar lo inabarcable y la bondad perfecta de ese amor, experimenta dolor en su alma. Es el dolor de la limitación, de su finitud, de saber que es barro. Ella quiere poder amarlo en toda su magnitud, pero ve que no puede. No es un dolor masoquista ni se victimiza. Todo lo contrario, ella sale a tratar de capturar ese amor, sabiendo cuán infinito es y cuán finita es su propia comprensión de este.

Ella pide pasas, pues quiere seguir creciendo en la Palabra y tener más luz, pero no se guarda eso en su interior, sino que lo comparte con otros. De allí, como expliqué en la Carta 14, que ella tenga un manojito de flores y aclare que es de mirra (expresión simbólica del dolor). Cuanto más ella lo ama a Él, más sabe de ese amor eterno sin fin. También les hace saber a los demás de ese océano perfecto y soberano de su bondad. Salda esa falta de comprensión compartiendo con otros lo ilimitado del amor del Rey.

Como bien lo expresa Madame Guyon: "Ahora esta vida, que se ha convertido en nada, lo tiene todo y por ello no tiene nada, lo quiere todo y no quiere nada; lo sabe todo y no sabe nada".

¿Puedes ver la grandeza del amor de Dios y tu limitación?

Carta 20

¿QUÉ PASA CON LAS PERSONAS A LAS QUE LES COMPARTES REVELACIONES GLORIOSAS, PERO ESTÁN CERRADOS Y NO ENTIENDEN TODAVÍA?

Sorprende que eso sea así. Cuando alguien tiene una experiencia con Dios, vive en aguas profundas. Entonces su deseo ahora es correr y contarles a todos y aun forzarlos a entrar en esa relación.

Entiendo cómo te sientes cuando esto pasa. Yo viví muchos años con esa sensación de frustración al explicarles, contarles y enseñarles preciosas verdades a muchos y verlos resistirse.

Pero, amigo, te comparto cómo fui liberado de esto cuando recibí "el querer del amor". En Cantares hay un principio poderoso que se repite. En 2:7 dice:

> *Yo os conjuro, oh doncellas de Jerusalén, por los corzos y por las ciervas del campo, que no despertéis ni hagáis velar al amor, hasta que quiera.*

Y en 3:5 se repite:

> *Yo os conjuro, oh doncellas de Jerusalén, por los corzos y por las ciervas del campo, que no despertéis ni hagáis velar al amor, hasta que quiera.*

Y en 8:4 se repite, aunque con una variante:

> *Os conjuro, oh doncellas de Jerusalén, que no despertéis ni hagáis velar al amor, hasta que quiera.*

Observa, en primer lugar, que se repite el principio del "querer del amor" tres veces a lo largo del libro. De hecho, hay tres palabras en la vida cristiana que son usuales: salvación, transformación y unión. Debemos tener en cuenta este principio, ¡vaya, para siempre!

En segundo lugar, quiero que observes que las dos primeras veces que se menciona es relacionado con un juramento o conjuro. La novia muestra la extrema importancia al solicitar: "Les pido que me juren que no harán esto". Pero en 8:4 no necesita pedir tal juramento porque ella se encuentra ya en aguas muy profundas, sino solo recordar el principio del amor, que es que el amor (Dios) no debe ser:

+ molestado,

+ forzado,

+ despertado,

+ provocado, ni

+ insistido.

¡No se trata de tomar acciones disuasivas!

¡La amada les pide que juren que no harán nada de esto! Dice que solo debemos disfrutar de su amor, sembrarlo y esperar "el querer del amor".

Si forzamos, insistimos, discutimos o presionamos a los demás a aceptar algo del amor de Dios, estaremos presionando al mismo amor, a Él.

¡No presiones al Señor! Ya sea discutiendo o presionando, porque el amor es "despertado antes del tiempo divino". Así como los corzos y ciervos son bellos, delicados y sensibles y pueden ser ahuyentados, así también el amor de Él.

El Señor tiene un mover, una delicadeza, un tiempo, un deseo, un querer e irrumpe con ello. Es decir, se despierta y trae toda su gloria sobre los demás. Solo debemos esperar hasta que Él quiera. Esto es a lo que llamo "el querer del amor".

Hace un tiempo, cuando empecé a enseñar ejercicios para la comunión diaria y cómo nadar en aguas profundas, algunas personas se resistieron y me cuestionaron qué tipo de enseñanzas eran esas, y discutían con toda clase de argumentos. Al principio, en mi inexperiencia, trataba de contarles, explicarles y mostrarles con paciencia decenas de pasajes bíblicos y ejemplos de hombres de Dios. Pero nada funcionó. Yo no entendía por qué no captaban algo tan sencillo y bíblico.

Hasta que comprendí que el problema era que yo estaba "forzando al amor" (la presencia de Dios) a despertarse en la vida de otros. De modo que callé y dejé de tratar de convencer; solo disfruté del Señor y permití que Él hiciera su tarea. Entonces vino la pandemia del coronavirus a nivel mundial y, por obvias razones, no podíamos congregarnos debido al aislamiento obligatorio que debíamos realizar en Argentina (como ocurrió en el resto del mundo).

Así, desde sus casas, esas mismas personas, que eran pocas, pero resistentes, me empezaron a escribir para agradecerme los equipos de vida *Zoe,* los ejercicios y enseñanzas. Ahora, sin poder congregarse, cada uno de los que no entendían podía tener comunión personal y enseñar por las redes a sus familiares; podía ver cómo se estaban entregando al Señor.

El amor despertó solo. La luz brilló.

Dile al Señor que no discutirás más con nadie y que dejarás que Él lo haga. Que permitirás que suceda "cuando el amor quiera".

Carta 21

¿QUÉ LUGAR TIENEN LAS EMOCIONES EN LA VIDA CRISTIANA?

¡Qué gran pregunta! A esto lo podemos definir como estar "en el monte y en el valle". Cantares 2:8: *¡La voz de mi amado! He aquí él viene, saltando sobre los montes, brincando sobre los collados.* Este lugar geográfico, "el monte", es cuando estamos en victoria, cuando nos va todo bien y estamos contentos. ¿Qué hacemos en el monte? Alabamos, adoramos, ofrendamos, servimos, ¡estamos felices!

Pero Dios, que nos habla en el monte, ahora nos va a llevar "al valle". ¿Y qué pasa en el valle? Son los momentos difíciles, duros, de crisis; es cuando no tenemos respuestas y nos preguntamos: "¿Por qué?". Nos cuestionamos sobre la crisis económica, lo que está sucediendo a nivel mundial, la fragilidad del cuerpo humano y qué ocurre cuando las cosas buenas no suceden. ¿Qué sentimos en esos momentos? Que no tenemos ganas, que tenemos miedo.

En la cima nos dominan las emociones positivas; y en el valle, las negativas. Cuando estábamos en la cima, creíamos que lo que nos movía o motivaba era la fe. Pero, ¿lo era? No. Era la alegría y el entusiasmo porque estábamos en victoria. Y confundimos la emoción de alegría con el hecho de que Cristo había crecido en nosotros.

Así que Dios nos lleva ahora al valle, donde sentimos cosas negativas como miedo, tristeza, con ganas de pelear, entre otros sentimientos parecidos. Entonces nos preguntamos: "¿Dónde está la fe que tenía?". Para descubrir como respuesta que, en realidad, cuando estábamos en la cima, no era que Cristo había crecido en nosotros, sino que solo era nuestra emoción.

Dios quiere que aprendamos que no debe gobernarnos la emoción, sea positiva o negativa. Si en la cima creemos y expresamos: "Todo lo puedo en Cristo que me fortalece"; y también en el valle expresamos: "Todo lo puedo en Cristo que me fortalece", entonces no son las emociones lo que nos está gobernando, sino el Señor, aún por sobre las circunstancias.

¿Dónde estás ahora: en la cima o en el valle? Dale gracias a Dios porque Cristo está creciendo en tu vida.

Carta 22

¿QUÉ PAPEL JUEGA EN LA VIDA CRISTIANA EL AMARSE A SÍ MISMO?

Hemos dicho mucho sobre el amor de Dios. Su amor es eterno e inconmensurable. No hay palabras para expresar este amor. Así como la mamá y el bebé son uno y, antes de hablar, el amor está entre ellos de manera inefable, sin palabras, el amor de Dios no puede ser narrado.

Ahora bien, hay dos naturalezas o fuentes del amor. La primera es el amor humano; la segunda, el amor divino. De manera que yo puedo ser la fuente de donde salga el amor; o Dios puede ser la fuente.

En el amor que brota de la fuente humana, del *yo*, sucede que:

+ me amo a mí mismo con mi amor (humano);

+ determino quién soy y cómo me veo;

+ mi amor es la medida de mi estima, de acuerdo con mi percepción personal;

+ yo establezco cómo me veo y me amo, lo hago por mi propio interés;

+ amo a mi prójimo con mi amor (humano), determino cómo y cuánto amarlo, lo hago por mi propio interés;

+ amo a Dios con mi amor (humano); yo determino, de acuerdo con mis emociones y pensamientos, cómo es Dios y, sobre la base de lo que yo opino y creo, me relaciono con Él, lo hago por mi propio interés.

En resumen, la fuente de donde sale el amor soy yo, y el fin hacia donde ese amor va o regresa soy yo. Nuestro amor es caído, humano, donde el fin último es que me sirva, que me haga feliz o me ayude *a mí*.

Me amo a mí por mí; el fin soy yo.

Amo a mi prójimo por mí; el fin soy yo.

Amo a Dios por mí; el fin soy yo.

Pero miremos ahora el amor que sale de la fuente que es Dios, el amor divino, donde:

+ me amo a mí mismo con su amor (divino);

+ Él determina quién soy, cómo me veo, según lo que Él me dice;

+ me amo a mí mismo por causa del amor de Dios.

Démonos cuenta cómo la amada se ve a sí misma, con el amor humano, y cómo el Amado debe tratarla para mostrarle la manera en que Él la ve a ella: *No reparéis que soy morena; porque el sol me miró* (1:6). En alusión a que, al trabajar en la viña bajo el sol, tenía la tez morena. Hasta no conocer al Amado, eso no era un problema. Pero ahora que sí lo conoce a Él, esa imagen que ella tenía de sí misma le resulta perturbadora; por eso, les dice a las hijas de Jerusalén, "no reparéis que soy morena".

He aquí que tú eres hermosa, amiga mía; he aquí eres bella;
tus ojos son como palomas. (1:15)

A lo largo del libro, el Amado se lo repite una y otra vez para producir en ella ese amor. Ella debe dejar de verse y amarse con amor humano para verse y amarse con el amor de Dios.

He aquí que tú eres hermoso. (1:16)

La misma palabra que Él le dijo a ella, "hermosa", se la dice ella a Él en género masculino. ¡Ella ahora está aprendiendo a amarlo a Él como Él la ama!

Vemos en todo el libro cómo Él va podando el amor humano para que nazca en ella el amor divino y pueda amarse a sí misma y al Amado.

En 1:16-17 vemos algo poderoso. Ella dice:

He aquí que tú eres hermoso, amado mío, y dulce; nuestro lecho es de flores. Las vigas de nuestra casa son de cedro, y de ciprés los artesonados.

Ya ella no habla con un lenguaje que dice "es mío" o "tuyo", sino que ella ahora está en unión y dice "es nuestro". ¡Aleluya! Están compartiendo todas las cosas. Están construyendo juntos un hogar y hay flores que están floreciendo. ¡Es una unión en crecimiento!

El amor de Dios es la medida del amor, que es amar sin medida.

¿Recuerdas cómo termina Gálatas 2:20?

Con Cristo estoy juntamente crucificado, y ya no vivo yo, mas vive Cristo en mí; y lo que ahora vivo en la carne, lo vivo en la fe del Hijo de Dios, el cual me amó y se entregó a sí mismo por mí.

¿Notaste "me amó"?

En 2:1 ella se ve como un "lirio", y el Amado le dice que la ve "como el lirio" (v. 2) ¡Ella ya comenzó a verse igual como Él la ve a ella! Y Él le confirma la percepción que ella tiene de sí misma. Florece el amor divino.

Bajo este amor ahora podemos dejar que trasciendan las limitaciones del otro, pues no requerimos esperar ser amados, porque aun cuando las personas nos fallen, el amor de Dios en nosotros nos hace perdonar y seguir adelante. Ya no nos fijamos en ese amor, no esperamos nada ni que haga nada. Ahora conocemos el amor de Dios, que es divino, y es con el que nos ha amado primero antes que nosotros a Él; ahora nos dejamos amar por Dios, y debido a *su* amor, lo amamos. ¡Cuál mérito en mí!

La amada le dice: *Tu nombre es como ungüento derramado* (1:3) y luego le expresa, cuando el rey estaba en su sofá: *Mi nardo dio su olor* (1:12). Ella ve primero que Él es un perfume y se deja perfumar por su Amado; y ahora, con ese perfume, ella lo perfuma a Él. Ella obtuvo de Dios la fragancia para luego perfumar.

En Cantares 2:8 ella expresa: *La voz de mi amado*. ¡La novia escucha la voz del Rey! Y en versículo 14 ahora el Rey le dice: *Hazme oír tu voz*. Él quiere que hablemos lo que Él habló. Dios es la fuente y fin de todo. Es el Alfa y también es la Omega, y quiere que hablemos lo que nos ha hablado.

Dice H. Taylor: "El amor verdadero no puede ser estacionario, debe disminuir o crecer".

En conclusión: la fuente de donde sale el amor es Dios, y el fin último a donde va ese amor es Él mismo. Es un amor perfecto, puro, divino, que tiene el propósito de honrarlo, de glorificarlo. Es un amor gratuito y desinteresado que no se puede imitar ni lograr por esfuerzo humano. Nació de la fuente que es Dios y vuelve a la misma fuente, Él. El amor es propósito y fin en sí mismo. La única meta de Dios es el mismo amor y no busca nada más que el amor. Es amor para amar. No busca nada, no espera nada, solo se da. Y aun cuando no espera nada, siempre el amor de Dios trae recompensa.

Vivir en su amor es amar para amar. El fruto de ese amor es el amor mismo; el origen de ese amor es el amor mismo, y el fin de ese amor es el amor. Todo es Él. ¡No puedo amar a un Dios de amor infinito con mi propio amor finito! Amamos a Dios gracias a Dios mismo. Solo por eso podemos.

Me amo a mí mismo por su amor. Él se glorifica.

Amo a mi prójimo con su amor. Él se glorifica.

Amo a Dios con su amor. Él se glorifica.

Cuando nos convertimos, amamos a Dios por nosotros mismos, al igual que al prójimo y a nuestra persona. Sin embargo, Él obra para que llevemos a la cruz nuestro amor y Él aumente su amor a tal punto que llene todo nuestro corazón, mente y fuerzas. ¿Por qué debemos amarlo así? Porque Él nos amó primero a nosotros con todo su corazón, alma y fuerzas.

Cristo nos enseña cómo debemos amarlo a Él: como Él nos amó primero (ver 1 Juan 4:19). Ya no buscamos beneficios, porque la fuente de nuestro amor es Él, por Él y para Él.

Si un creyente todavía sufre en su estima, es porque aún no se ama con el amor de Dios.

Si un creyente todavía sufre por desengaños de otros, por heridas, es porque aún no se ama con el amor de Dios.

Si un creyente todavía se esfuerza para agradar al Señor, es porque aún no se ama con el amor de Dios.
Cristo nos dijo:

> *Un mandamiento nuevo os doy: que os améis unos a otros;*
> *como yo os he amado, que también os améis unos a otros.*
>
> (Juan 13:34)

Por lo que no hay mérito ni vivimos por el amor humano, sino que su inmenso amor con el que nos ha amado Dios no llena por completo, para llevarnos hacia Él, y se refleje en amor al prójimo y aun para que sepamos amarnos a nosotros mismos.

Dios y Cristo son la fuente del amor que debe llenarlo todo y a todos. El corazón pecador solo conoce el amor para sí mismo; pero el amor que se desarrolla a través de una comunión con el Señor conoce el amor entero para con Dios, para sí y para los demás. Alguien alguna vez lo expresó así: "Junta todo el amor más tierno que conoces, el más profundo que jamás hayas sentido, y el más fuerte que se haya derramado sobre ti; y sobre este todo el amor de todos los corazones humanos amorosos en el mundo, y luego multiplícalo por infinito, y comenzarás, tal vez, a tener una vaga idea del amor que Dios tiene por ti".

¿En cuál de todas nuestras relaciones estamos amando con el amor humano y cuál con el amor divino?

Carta 23

¿QUÉ TIPOS DE EXPERIENCIAS EXISTEN EN LA RELACIÓN CON EL SEÑOR Y CÓMO DISTINGUIR UNA EXPERIENCIA GENUINA DE UNA EMOCIONAL?

La experiencia máxima que podemos vivir es *ser uno* con Él. La experiencia no es un saber, ni un sentir, ni un conocimiento aprendido o hablado.

Una de las características de que una experiencia es genuina es que resulta difícil expresarla. Al compartirla se siente que las palabras son pobres, explicarlas resulta en algo limitado, queda una sensación de vacío por no poder encontrar las palabras adecuadas para explicar lo vivido.

Existe una brecha entre lo experimentado en nuestro interior y lo que se puede decir con palabras. Esta es la razón por la que en Cantares se utilizan imágenes, metáforas, símbolos, poesía y demás recursos literarios. Hablar, pero no poder expresar realmente la experiencia es como si Dios no permitiera que lo hagamos, para quizá, reservarse para Él la mejor parte de nuestra experiencia.

Experimentar una relación con el Señor es como nadar en su amor. Algunas palabras que detallan una experiencia relacional con Él son absorción, rebozar, un vivir, plenitud, ser abrazado en el corazón, luz, paz, entre otras. Porque con Dios vivimos algo que es inefable, inexplicable, indescriptible.

¿Cuántos tipos de experiencias existen? Solo dos:

Las experiencias de "un momento"

La amada tiene con su Amado muchas experiencias a lo largo del libro. Estas son *momentos* que vive con Él. Son circunstanciales y están narrados de manera poética:

Mi amado es semejante al corzo, o al cervatillo. Helo aquí, está tras nuestra pared, mirando por las ventanas, atisbando por las celosías.   (Cantares 2:9)

¿Qué significa esto? Es como verlo a Él en un lugar determinado. Como cuando Jacob expresa: *Ciertamente Jehová está en este lugar… No es otra cosa que casa de Dios y puerta del cielo… Y llamó el nombre de aquel lugar Bet-el* (Génesis 28:16-19.

Cuando lo vemos a Él en nosotros en un momento determinado.

Cuando David estaba atravesando un momento muy duro en su vida, dijo en el Salmo 73:26: *La roca de mi corazón y mi porción es Dios para siempre.*

Cuando lo vemos a Él en el cielo mientras atravesamos una circunstancia difícil. Como Esteban en Hechos 7:55:

Pero Esteban, lleno del Espíritu Santo, puestos los ojos en el cielo, vio la gloria de Dios, y a Jesús que estaba a la diestra de Dios.

El momento de Esteban fue mientras estaba siendo apedreado, fue que vio al Señor en su reino celestial.

Cuando vemos a Dios a nuestro lado. Pablo escribió en 2 Timoteo 4:17 desde la cárcel: *Pero el Señor estuvo a mi lado y me dio fuerzas.*

Cuando vivimos a Cristo "las 24 horas del día"

La amada en Cantares dice: "Yo soy de Él y Él es mío". Ella ahora alcanzó, logró, que su experiencia sea de 24 horas.

Todas las experiencias momentáneas son para llevarnos a nadar en su amor, todo el día, en todo lugar, en todo momento, en toda situación. Sea visible o invisible. Dijo David de manera gloriosa en el Salmo 139:8-10:

Si subiere a los cielos, allí estás tú; y si en el Seol hiciere mi estrado, he aquí, allí tú estás. Si tomare las alas del alba y habitare en el extremo del mar, aun allí me guiará tu mano, y me asirá tu diestra.

Entonces, hay experiencias de momentos y aquellas que prácticamente son durante todo el día. En ambos casos es nadar en su amor. Ya no vemos a Dios como lo hizo Jacob, en un solo lugar, sino en *todo lugar*. Ya no vemos al Señor en su trono, como Esteban cuando era apedreado, sino que lo vemos reinando en todo momento. Ya no vemos al Señor al lado de nosotros, cuando estamos en la cárcel, sino que lo vemos al lado en todo lugar.

Me gusta como lo expresó un creyente que nadaba profundo con el Señor: "El amor de Dios no es para una hora de la vida, sino para la vida de todas las horas".

¿Estás dispuesto a nadar más profundo?

Carta 24

¿CÓMO ADMINISTRAR LAS PÉRDIDAS QUE VAMOS TENIENDO EN LA VIDA?

Ciertas pérdidas son parte del trato de Dios para transformarnos. Este trato está en Cantares 2:11: *Porque he aquí ha pasado el invierno, se ha mudado, la lluvia se fue.* El trato de Dios muchas veces es "el invierno", es la poda. ¿Cómo está un árbol en invierno? Deshojado, carente de hojas. Parece que está muerto porque está seco. Las hojas, el follaje, representan las bendiciones, los logros, los éxitos. Simbolizan el momento en el que estamos bien, cuando tenemos dinero, cuando los hijos responden bien en su escuela, cuando avanzamos. Y a esta lista podemos sumarle todas esas hojitas positivas que nos agrada mostrar.

También las hojas representan las cosas negativas de nuestra conducta: hablar mal de los demás, criticar, tener miedo, etc. A todas esas hojas, hay un momento en el que Dios las poda y a eso se le llama *invierno*. Las quita. ¿Para qué? Para que ya no tengamos nada que mostrar y podamos mirarnos a nosotros mismos. Así nos vemos como un árbol flaco, pelado, débil; pero la savia de Dios sigue trabajando en las raíces.

¿Por qué esa poda? Para que aprendamos a poner nuestra mirada en el Señor y que todas las cosas lindas que consideramos tener mueran. Pero también para que mueran todos los aspectos feos de nuestra manera de ser: el orgullo o la soberbia. Entonces la emoción ya no tiene gobierno sino solo Dios, en las buenas y en las malas circunstancias.

Arrancamos esas hojas y las llevamos a la cruz para su muerte. Este proceso de desnudamiento es cuando la cruz quita nuestras bellezas: los dones, las capacidades, los pecados. De esta manera, al quedar desnudos, podemos vernos y ver nuestra fragilidad; pero, a la vez, podemos ver su belleza.

¡La de Él!

Así, luego, llega la primavera.

Exprésale al Señor lo que surge en este momento en tu corazón.

Carta 25

¿CÓMO PRODUCIR VIRTUDES EN EL CARÁCTER Y CRECER EN ESE ASPECTO?

Cantares 2:14 es un versículo fundamental en todo el libro:

Paloma mía que estás en los agujeros de la peña, en lo escondido de escarpados parajes, muéstrame tu rostro, hazme oír tu voz, porque dulce es la voz tuya, y hermoso tu aspecto.

Se habla aquí de los "agujeros de la peña": ella se escondió en la roca herida; en Cristo, en la cruz. Jesús dijo que tomemos la cruz cada día; y tenemos un avance rápido cuando "llevamos a la cruz para su muerte" todo aquello que el Espíritu nos muestra a lo largo del día. Cuando le entregamos sin resistirnos nuestros errores, emociones, pensamientos, opiniones, todo, más rápido es el proceso de resurrección, de transformación.

Hemos hablado mucho sobre llevar a la cruz, para que allí el poder de Cristo anule el gobierno de nuestra alma; sean miedos, angustias, pensamientos. Y al darle muerte en la cruz, automáticamente nace el poder de la resurrección de Jesús.

Pero ampliemos un poco más el significado de esto último. Tomemos, por ejemplo, una virtud como la humildad. Sabemos que Dios exalta a los humildes y quebranta a los soberbios. Podríamos ver esto como una escalera: cuando desciendo, llevo a la cruz todo orgullo; para luego ascender y ser exaltado por la humildad. Algo mío baja (el orgullo) y algo de Él nace.

Todas las virtudes pertenecen a dos ámbitos: el natural y el celestial.

El ámbito *natural:* el que produce mi alma. Puedo cultivar la humildad con mi alma y no me hago notar, no presumo, soy sencillo. Pero esta virtud, como todas las demás construidas por mí, no tiene poder divino. Todos los seres humanos pueden desarrollar humildad, control o inteligencia, lo cual es producido por nuestras fuerzas, capacidades, estudios. Sin embargo, todas las virtudes que la Biblia menciona, como la inteligencia, la humildad o el dominio propio, no son producto nuestro sino de Él.

El ámbito *divino:* son las virtudes que produce Dios en nosotros, como la humildad, la paciencia, el dominio propio y muchas más. Son su expresión en nosotros. Jesús declaró en Juan 15:5:

Yo soy la vid, vosotros los pámpanos; el que permanece en mí, y yo en él, este lleva mucho fruto; porque separados de mí nada podéis hacer.

Es Jesús quien lo quiere hacer en mí. Y para ello, se requiere que mi alma deje de producir y gobernar. Solo entonces Dios produce en nosotros por el poder de su resurrección. ¡Es su virtud!

El pasaje de 2 Corintios 3:5 enseña que la competencia que Pablo tenía no era producida por su alma sino por Dios:

No que seamos competentes por nosotros mismos para pensar algo como de nosotros mismos, sino que nuestra competencia proviene de Dios.

De igual manera, dice 1 Crónicas 29:14: *Pues todo es tuyo, y de lo recibido de tu mano te damos.* Si tenemos clara esta verdad en nuestra vida, nunca habrá más orgullo. ¡Tener orgullo es creer que lo que produjo Dios en nosotros lo hicimos crecer nosotros mismos! Eso es tan necio como creer que, porque respiramos, nosotros inventamos el aire.

¿Cuál es la diferencia entre la humildad producida por mí y la producida por Dios? ¡Ninguna y todas! Me explico. Fenomenológicamente son iguales. Es decir, que se manifiestan de la misma manera: la persona humilde no es engreída, es sencilla, no quiere impresionar al otro (todas las virtudes que podríamos nombrar se expresan igual).

Pero hay una diferencia total también. ¿Cuál es? Está en las que produce el Señor; Él se expresa a sí mismo en esas conductas. Él "sale"; su luz se da a conocer de manera sobre natural y siempre produce algo hermoso. Partimos de aquí cuando Dios dice que da gracia al humilde o lo exalta. Lo que Dios produce se llama *resurrección* y, para que esta opere, debe primero estar la cruz: *morir.* Si hay cruz, hay entonces resurrección. El gran error de muchos creyentes es tratar de producir por sus propias fuerzas virtudes que solo Él puede lograr en nosotros. Esto es el fruto del Espíritu que produce en nosotros: *amor, gozo, paz, paciencia, benignidad, bondad, fe, mansedumbre, templanza* (Gálatas 5:22-23). Es por lo que 1 Corintios 4:7 dice:

> *Porque ¿quién te distingue? ¿O qué tienes que no hayas recibido? Y si lo recibiste, ¿por qué te glorías como si no lo hubieras recibido?*

Otro elemento a considerar es que esa humildad, esa paciencia o esa inteligencia producidas por Él se expresan en nosotros con conductas habituales. No se expresan a través de cosas extraordinarias o comportamientos espectaculares. Esas virtudes que tiene la vida *zoe* pueden crecer cada día cuando las alimento con su Palabra.

Amor y conocimiento: cuando lo amo, lo conozco; y cuanto más lo conozco, más lo amo. Así se genera un círculo de amor y aumento de la Palabra en nosotros sin fin. Como lo dijo un autor: "No se lo puede conocer [a Dios] sino amándolo, ni amar sino conociéndolo". Es una gran tarea nadar en su amor. Vivir así es vivir en la eternidad, en lo sublime, en lo inefable. Y solo entregando en la cruz es la manera de vivir "escondidos en la roca herida" para vivir en su vivir.

¿Qué te ha mostrado el Espíritu que debes llevar a la cruz?

Carta 26

¿CÓMO CUIDARSE EN LA VIDA CRISTIANA?

En Cantares 1:6 leemos: *Me pusieron a guardar las viñas; y mi viña, que era mía, no guardé.* La familia la puso a trabajar bajo el sol para cuidar las viñas de toda la familia. Ella, en medio de la presión de tantas responsabilidades, descuidó su propia viña, es decir, su propio llamado y tarea. Pero ella, en su crecimiento en amor, dice en 2:15:

> *Cazadnos las zorras, las zorras pequeñas, que echan a perder las viñas; porque nuestras viñas están en cierne.*

¡Ella ahora no tiene una viña sino muchas! ¡Y son de ella! ¡El Dios que servimos siempre nos lleva a más! Al aumento en desafíos y llamados a expandirnos. Y todo eso lo hace Él.

Nuestras viñas están floreciendo, están por dar fruto. Pero es cuando todo está bien el momento que debemos cuidarnos. Porque es cuando está el fruto que lo pequeño, lo que es escurridizo y sutil, entra a comer las raíces. De manera que cuando estés bien, cuida lo pequeño; cuando estés mal, cuídate de lo grande.

¿Qué son las zorras pequeñas? Todo lo que comerá tu raíz. ¿Qué es la raíz? Es tu vida en comunión que hace que tengas fruto en tu vida. Todo lo que coma, rasguñe, lastime o apague tu comunión diaria, cázalo y mátalo. Cuida tus raíces por, sobre todo, porque de allí viene todo lo que necesitas.

¿Cómo se cazaba una zorra en la antigüedad? No lo sé; pero hoy veo que se cercan los campos y algunos los electrifican. Así que pon un cerco de fuego alrededor de tu amor por Dios. Ora para que Dios te muestre si hay alguna raíz lastimada en tu comunión con Él.

Carta 27

¿CÓMO DEJAR DE VIVIR PREOCUPADOS POR LO QUE NOS FALTA?

La amada dice en Cantares 2:16: *Mi amado es mío, y yo suya.* Ella descubrió que, al ser uno en Él, Su amor es todo. Fuera de eso, no hay nada. Ella sabe primero que Dios es todo y ella nada. Por lo que ahora sí puede experimentar a Dios en plenitud. Ella no pide ni busca nada porque lo tiene todo; lo tiene a Él. Su corazón no está dividido entre varios amores; es un corazón entero solo para Él.

El apóstol Pablo decía que sus logros y lo que había alcanzado "lo tenía todo por basura". La amada aquí en Cantares da a entender que lo que no tiene y le falta también "lo tiene por basura". David lo expresó así: *Una cosa he demandado a Jehová, esa buscaré... contemplar la hermosura de Jehová* (Salmos 27:4)

Su atención fue capturada en la cárcel de su amor. Ella solo lo anhela a Él. Así como dos enamorados se sienten uno y no les interesa nada más. No es que la amada, al igual que nosotros, no necesite cosas. Cuántas cosas no necesitamos a lo largo de la vida; solo que al vivir en su amor experimentamos que con Dios es suficiente.

Ellos experimentaron el abismo incomprensible de su amor perfecto, de su soberana bondad, el océano infinito de su amor, fuente que satisface toda necesidad. Por su parte, el apóstol Pablo nos enseñó:

> *El que no escatimó ni a su propio Hijo, sino que lo entregó por nosotros, ¿cómo no nos dará también con él todas las cosas?* (Romanos 8:32)

Entonces, ¿cómo dejar de preocuparnos.? Disfrutemos nadando en su mar de amor; vivamos cada momento de nuestra vida bajo el principio de aquel Salmo eterno que dice: *Jehová es mi pastor; nada me faltará* (Salmos 23:1). Entonces seremos como aquella zarza que vio Moisés y "cuyo fuego nunca se apagaba".

¿Oremos por ello ahora?

Carta 28

¿POR QUÉ HAY MOMENTOS EN LOS QUE EXPERIMENTAMOS UN "SILENCIO" DE DIOS EN NUESTRA VIDA?

La novia ha experimentado en dos ocasiones ese "silencio", la ausencia del Amado. El primer momento aparece en Cantares 3:2, donde dice: *Por las calles y por las plazas buscaré al que ama mi alma; lo busqué, y no lo hallé.* Hay momentos en los que experimentamos al Señor de manera intensa, fuerte, plena. Pero otros momentos en los que preguntamos: "Señor, ¿dónde estás? ¿Qué pasa que no me respondes? Momentos en los cuales leemos la Palabra y no sucede nada. ¡El Señor se escondió! Lo hizo para que nuestro amor nos mueva a buscarlo a Él. Como dice la historia bíblica, la mujer por las noches estuvo buscando a su amado; lo buscó y no lo halló.

Leamos de nuevo, pero ahora con más contexto Cantares 3:2-4:

> *Y dije: Me levantaré ahora, y rodearé por la ciudad; por las calles y por las plazas buscaré al que ama mi alma; lo busqué, y no lo hallé. Me hallaron los guardas que rondan la ciudad, y les dije: ¿Habéis visto al que ama mi alma? Apenas hube pasado de ellos un poco, hallé luego al que ama mi alma; lo así, y no lo dejé, hasta que lo metí en casa de mi madre, y en la cámara de la que me dio a luz.*

Ella hace una búsqueda de amor; quiere volver a experimentarlo. Él aparece y luego desaparece para sacarla de la familiaridad, para que ella valore su presencia. Para que todos nosotros lo busquemos en un movimiento de amor. Al volver a encontrarlo, nuestro espíritu se ha expandido un poco más.

¿Dale gracias a Dios por este trato que tiene contigo?

Carta 29

¿HAY ALGUNAS CLAVES PARA CONOCER EL MOVER O LA GUÍA DE DIOS?

Sí, las hay. Existe una clave que lleva en sí misma todas las claves. Conociéndola, serás movido siempre en victoria. Veamos Cantares 3:7-10:

> He aquí es la litera de Salomón; sesenta valientes la rodean, de los fuertes de Israel. Todos ellos tienen espadas, diestros en la guerra; cada uno su espada sobre su muslo, por los temores de la noche. El rey Salomón se hizo una carroza de madera del Líbano. Hizo sus columnas de plata, su respaldo de oro, su asiento de grana, su interior recamado de amor por las doncellas de Jerusalén.

En este pasaje vemos al Rey dándole a su amada una nueva visión de Él. Viene en una carroza (la litera); viene rodeado de valientes. Esta carroza tiene materiales que debemos interpretar en su sentido profético:

+ La *madera* es su humanidad.
+ La *plata*, su redención.
+ El *oro*, su sangre.
+ La *grana* (púrpura), su realeza.
+ Su interior es todo su amor.

Con este carruaje lleva a la amada por el desierto, rodeada de valientes.

¿Cómo es que Él nos guía? Nos lleva en el carruaje de su humanidad perfecta, de su sangre, de su redención y de su realeza. Pero adentro, donde estamos, está todo su amor. No importa dónde estemos ni dónde vayamos, es su amor el que nos llevará. Esa es su guía. Conocer esto te dará paz porque, dondequiera que vayas, sabrás que Él está contigo todos los días de tu vida.

Ella, cuando se enamoró del Amado, quiso saber dónde tenía Él sus rebaños (1:7). Ella se enamoró del pastor, para luego conocer al Rey.

Adónde vayas ahora que sabes esto, lo harás movido, transportado, en el carruaje de su amor. Descansa en esto, sin olvidar nunca la cruz.

¿Estás disfrutando de su guía?

Carta 30

¿QUÉ ACONSEJAS PARA COMPARTIR A OTROS LAS EXPERIENCIAS PROFUNDAS?

Todo el libro de Cantares utiliza un lenguaje que refleja lo profundo del amor. Como ejemplo está el pasaje en 4:9, donde el amado le dice: *Has cautivado mi corazón* (LBLA), lo que en realidad le está diciendo es que le ha robado el corazón, o que hizo que su corazón latiera más rápido, o que le había desgarrado el corazón, que lo había atrapado... y *con una sola mirada*.

Esto dice el Señor de nosotros cuando estamos unidos a Él. ¡Que el Dios eterno experimente esto escapa a nuestra comprensión! Sin embargo, estas experiencias y disfrute son mutuas, tanto de Él como de nosotros. Te comparto algo que aprendí en mi vida y lectura de Cantares.

Hay varias características de alguien que está en aguas profundas en su relación con el Señor.

UN LENGUAJE EXPERIENCIAL

Uno puede hablar del Señor como teoría, de Dios como sujeto. Aprender algo y repetirlo. Pero en las aguas profundas espirituales ya uno quiere hablar de la vivencia de Dios como objeto de la experiencia. Aun cuando escuchamos o leamos miles de prédicas o estudios bíblicos, no es hasta que cada uno empieza a vivir a Cristo de manera experiencial que somos transformados.

LAS PALABRAS NO ALCANZAN PARA EXPRESAR LO VIVIDO.

¡Pero quiere decirlo! Poder expresar lo experimentado a otros, aunque al hacerlo descubra nuevamente que las palabras son insuficientes y sienta limitaciones. He aquí el valor de las metáforas en Cantares, de las imágenes, de los símbolos, de la poesía, de toda la retórica utilizada. Porque lo espiritual trasciende al lenguaje humano.

SON EXPERIENCIAS QUE SE VIVEN DE MANERA EXTRAORDINARIA, FUERTE, INTENSA.

Donde el foco es Dios, y no la experiencia misma. Es de esta manera que lo descubrimos a Él. San Agustín lo expresó bellamente: "Es más alto que lo alto de mí y más íntimo que lo íntimo de mí". El apóstol Pablo se refirió a esto cuando habló de lograr "asir aquello para lo cual fui también asido por Cristo Jesús" (Filipenses 3:12). Él descubrió que Dios lo alcanzó, lo que significa dejarse amar por Él.

Pero la experiencia nunca debe sustituir la lectura y el conocimiento de la Palabra. El permanecer en su Palabra es lo que nos permitirá experimentar realmente a Dios.

Una cosa es hablar de Dios y otra es hablar de *mi* Dios. La amada se refiere a Él en muchas ocasiones como "mi Amado".

TODA EXPERIENCIA SUCEDE EN TRES MOMENTOS QUE SON VIVIDOS COMO UNO SOLO.

Si una experiencia la pudiésemos dividir, sería de la siguiente manera:

1. En la experiencia me olvido de mí (*ya no vivo yo*). Mi alma no gobierna; no soy el foco.

2. Me olvido para ahora verlo a Él (*vive Cristo en mí*).

3. Entonces me doy cuenta de que fui más allá de mis límites humanos porque vive Cristo en mí. Una autora lo expresó con mucha profundidad: "Vivo sin vivir en mí".

LA EXPERIENCIA DE VIVIR SU AMOR PRODUCE SENCILLEZ Y SIMPLEZA EN QUIEN LO VIVE Y LO COMPARTE.

Quien vive en aguas profundas no manifiesta o desea impactar a nadie; mucho menos se cree especial. La experiencia solo produce una profunda humildad que se manifiesta cada vez más. Eso lo lleva a desear querer que todos puedan seguir ese camino, esas huellas espirituales, que otros puedan navegar en lo profundo de su amor. Las experiencias de comunión con Dios no deben ser solitarias, sino que suceden para poder decir como Pedro y Juan: *No podemos callar lo que hemos visto y oído* (Hechos 4:19-20). Anhelamos, pues, que todas las personas conozcan al Amado.

LA EXPERIENCIA ES UN AUMENTO DE LA PRESENCIA DE CRISTO, DE SU AMOR EN NOSOTROS. DEJA ENTONCES FUERA ESO DE "EL SEÑOR ME DIJO".

Mientras escribía estas respuestas, alguien me comentó que tuvo una experiencia con el Señor y que Él le dijo: "Dios nunca dice que no a las oraciones". Cuando uno lee la Biblia, descubre que el dicho "el Señor me dijo" no es verdad, dado que su Palabra está llena de muchas ocasiones donde Dios dice *no* a una petición. Esto sucede porque se están teniendo experiencias emocionales y no del Espíritu, pues estas últimas acrecientan el conocimiento bíblico de Dios y no la ignorancia.

Todas las cartas y sus respuestas en este libro basado en Cantares buscan mostrarnos cuán lejos estamos todavía de una experiencias verdaderamente íntima y sustancial con Dios. Busca de la mano de su Palabra su grandeza sin límites.

Carta 31

¿CÓMO MANEJAR TODO LO QUE OCURRE EN ESTE MUNDO CAÍDO?

Dice Cantares 4:12: *Huerto cerrado eres, hermana mía, esposa mía; fuente cerrada, fuente sellada.* Un huerto es donde se siembran semillas. Nosotros somos ese huerto. Es cerrado porque le pertenece a Dios, el dueño, quien nos cuida y nos riega cada día. Nadie puede entrar allí; está prohibido a toda persona ajena.

En Cantares 4:16 dice: *Despierta viento del norte, y ven, viento del sur; haced que mi huerto exhale su fragancia.* Hay aquí dos vientos, uno "despertado" y otro "traído". Uno del norte y otro del sur, es decir, de dos lugares opuestos. El primero es frío; el segundo es cálido. El despertado es el viento del norte; un viento frío que secaba las flores y arruinaba lo sembrado. Ese viento es el que sopla el mundo (el sistema). El "traído" o "llamado" es el del sur; el que produce que el aroma se difunda e impregne y reverdezca todo. Este es el viento de Dios.

En versiones como la Reina-Valera 1960, el primero de esos vientos se llama Aquilón y el otro Austro. Cuando un viento lastima, el otro sana; cuando uno se seca, el otro reverdece. Pero ambos producen que el perfume se libere. Por eso en 6:2 vemos al Amado salir al huerto y recoger. Siempre seremos productivos porque somos huertos cerrados, cuyo propietario es el Señor.

El primer jardín, el Edén, se echó a perder, fue contaminado. Dios restauró el segundo jardín (nuestro espíritu) para que libere su perfume. En el primer jardín, el Padre ofreció a Cristo (árbol de la vida) para ser comido. En el segundo jardín, nosotros le ofrecemos a Cristo al Padre para que lo coma.

Pídele hoy al Señor *su* viento del sur en tu vida.

Carta 32

¿QUÉ HACER CUANDO UN CRISTIANO NOS LASTIMA?

La amada sale a buscar a su Amado. Ella lo busca con pasión. Al salir a la ciudad a buscarlo, narra en 5:7 lo que le sucedió:

Me hallaron los guardas que rondan la ciudad; me golpearon, me hirieron; me quitaron mi manto de encima los guardas de los muros.

Los guardas de la ciudad representan el sistema religioso que agrede por buscar al Rey. Buscan quitarnos nuestro manto; son aquellos que siempre dirán que están cuidando "los muros" de la Palabra, del "siempre se ha hecho así".

¿Por qué lastima eso? Porque esas personas detestan vernos buscando al Rey. Con sus acciones no se dan cuenta que golpean a la novia y la dejan medio muerta en el camino. Así como ocurrió en la parábola del buen samaritano, que narra que él iba de Jerusalén a Jericó (de la unción a la batalla) y los ladrones le quitaron la ropa (el manto) y luego le robaron. Pero no terminó ahí la golpiza. Faltaban aún dos golpes más: el del sacerdote y el del levita que siguieron de largo, sin detenerse. Cuando ya la paliza estaba completa, dice el relato, lo dejaron "medio muerto", es decir, "medio vivo". Esto nos ilustra de que por más palizas que recibamos, siempre habrá algo de vida que no podrán tocar. Llegó el samaritano, lo vendó y pagó por él. ¡El herido fue restaurado nuevamente! ¡Ese es nuestro Señor! Lo dejó en el mesón (en el cuerpo de Cristo, la Iglesia) y dijo: "Lo que gastes de más te lo pagaré cuando regrese" (Lucas 10:25-37).

¡Ya todo está pagado para nosotros hasta la segunda venida de Cristo!

Pero, regresando con la amada, luego de esa paliza que representa el engaño, la mentira, la crítica, ella se encontró con otro grupo: "las hijas de Jerusalén". Nuevamente ella les expresó en Cantares 5:8:

Yo os conjuro, oh doncellas de Jerusalén, si halláis a mi amado, que le hagáis saber que estoy enferma de amor.

Les dijo que estaba buscando a su Amado y les preguntó si lo habían visto; a lo que ellas le expresaron en el versículo 9:

¿Qué es tu amado más que otro amado, oh la más hermosa de todas las mujeres? ¿Qué es tu amado más que otro amado, que así nos conjuras?

Ellas no conocen al Amado, no saben quién es; de esta manera se encuentran con que la amada lo describe así:

He aquí cómo es el hombre amado: *Su cabeza* (representa a Cristo) es su sabiduría (5:11).

Sus cabellos es su vigor (5:11)

Sus ojos son su perspicacia (5:12). *Sus mejillas* son su flexibilidad (5:13).

Sus labios son su adoración (5:13).

Sus manos son su servicio (5:14).

Su vientre son sus motivos (5:14).

Sus piernas son su estabilidad (5:15).

Su aspecto es su visión (5:15).

Su paladar es su ministerio (5:16).

Así que ellas, al vislumbrar su hermosura, le dicen a la amada en el capítulo 6:1: *¿A dónde se ha ido tu amado, oh la más hermosa de todas las mujeres? ¿A dónde se apartó tu amado, y lo buscaremos contigo?* ¡Entonces la amada tiene una revelación! Y en versículos 2 y 3 dice:

Mi amado descendió a su huerto, a las eras de las especias para apacentar en los huertos, y para recoger los lirios. Yo soy de mi amado y mi amado es mío; Él apacienta entre los lirios.

¡Ella entendió que no hay que buscar afuera!

¡Él vive en nosotros, en nuestro espíritu!

Frente a este descubrimiento, ahora el Amado le habla y le dice en el versículo 4: *Hermosa eres tú, oh amiga mía, como Tirsa; de desear, como Jerusalén, imponente como ejércitos en orden.* Lo que le está diciendo en realidad es: "Ahora que descubres que vivo dentro de ti, allí es donde me debes buscar; te has vuelto como una ciudad (ya no te falta nada). Te has vuelto ejército (eres valiente) y estás llena de banderas (todas las bendiciones)". Cuando uno es libre de la gente y sigue adelante, a pesar de los golpes y de aquellos que no entienden nada, nos damos cuenta de que ¡en Él lo tenemos todo! ¡El Amado nos dice a nosotros lo mismo que le dijo a la amada!:

> *¿Quién es esta que se muestra como el alba, hermosa como la luna, esclarecida como el sol, imponente como ejércitos en orden?*
> (v. 10)

Libérate de los que te hacen daño y mira dentro de ti, donde Dios y su Espíritu residen.

Carta 33

¿QUÉ HAY SOBRE EL PROCESO DE MADUREZ?

Para responder esta pregunta debemos ver a las doncellas de Jerusalén. En el relato, ellas son las "jóvenes" y también llamadas las "hijas de Jerusalén". Representan a los nacidos de nuevo que permanecen en etapa inmadura. La amada les da varios consejos para salir de ese estado. Madurar parte de nadar en aguas espirituales más profundas.

Primer consejo. Si quieren madurar, dejen de mirar el estado de otros.

Cantares 1:6: *No reparéis en que soy morena, porque el sol me miró.*

No estén mirando que trabajo bajo el sol, mi piel, lo externo. ¡Dejen de mirarme! Cuando los demás no existan en tu vida, en tus conversaciones o comentarios, y dejes de mirar lo que hacen o dejan de hacer, habrás pasado a más profundidad espiritual.

Segundo consejo. Si quieren madurar, dejen de presionar e insistir.

Cantares 2:7: *Yo os conjuro, oh doncellas de Jerusalén, por los corzos y por las ciervas del campo, que no despertéis ni hagáis velar al amor, hasta que quiera.*

Cuando presionamos para que una persona entienda del Señor, estamos presionando al mismo Señor para que actúe. ¡Dejemos que Dios y su amor hagan su obra solos! ¡No presionemos más a nadie! Como ya vimos, este mandamiento se repite en 8:4.

Tercer consejo. Si quieren madurar, observen cómo busco al Amado, cómo lo anhelo en mí; y luego de observar eso en mí, háblenlo con el Señor.

Cantares 5:8:

Yo os conjuro, oh doncellas de Jerusalén, si halláis a mi amado, que le hagáis saber que estoy enferma de amor.

A ella la habían golpeado y dejado tirada en medio del camino y, aun así, les dice: "¿Pueden ver? ¡Mi amor por Él no disminuyó! ¡Lo busco y lo amo! Este mismo ejemplo deben ustedes seguir y hablar".

Los buenos ejemplos inspiran a buscar a Dios.

Cuarto consejo. Si quieren madurar, obsérvenlo solo a Él, quien es enteramente hermoso. Búsquenlo.

Luego de que la amada es golpeada, y aun así sigue buscando a su Amado, las hijas de Jerusalén le solicitan: "¡Dinos cómo es y dónde está! Así lo buscaremos". Ellas todavía no conocen la hermosura de Él. La amada les responde en Cantares 5:10:

Mi amado es blanco y rubio, señalado entre diez mil.

El término "blanco" es literalmente "resplandeciente". ¡Él es todo luz! ¡Él brilla! ¡Él está transfigurado! La palabra "rubio" es "sonrosado" (rojo). Su belleza y su sangre derramada van juntas. Por eso Él es "distinguido", sobresale entre todos. Él es único.

Si quieres madurar, busca a Dios.

¿Cuáles consejos debes seguir para ir a aguas más profundas?

Ora sobre ese consejo.

Carta 34

¿CUÁL ES LA DESCRIPCIÓN DETALLADA QUE HACE LA AMADA DE SU AMADO EN CANTARES?

Ella describe la hermosura del Rey a detalle, parte por parte. Dice Cantares 5:10-16:

> *Mi amado es blanco y rubio, señalado entre diez mil. Su cabeza como oro finísimo; sus cabellos crespos y negros como el cuervo. Sus ojos, como palomas junto a los arroyos de las aguas, que se lavan con leche, y a la perfección colocados. Sus mejillas, como una era de especias aromáticas, como fragantes flores. Sus labios, como lirios que destilan mirra fragante. Sus manos, como anillos de oro engastados con*

jacintos. Su cuerpo: como claro marfil cubierto de zafiros.
Sus piernas, como columnas de mármol fundadas sobre
basas de oro fino; su aspecto como el Líbano, escogido como
los cedros. Su paladar, dulcísimo, y todo él codiciable. Tal es
mi amado, tal es mi amigo, oh doncellas de Jerusalén.

Ella puede ver partes de Él y lo describe minuciosamente.
Nosotros también debemos ver las partes de Él. Cuando libera
al pobre, veo su misericordia; cuando me sana, veo que es mi
sanador; cuando observo los cielos, veo su sabiduría… y así
hasta el infinito. ¡Debo ver en cada acto de mi vida algo de Él!

Pero ella, al final del relato, dice en el versículo 16: *Todo*
él codiciable. Tal es mi amado, tal es mi amigo, oh doncellas de
Jerusalén. Ella ve ahora el todo. Ve el ser y lo ve completo. Es que
ella no empezó buscando sus cualidades sino viendo a Dios en
todo su amor porque todo Él es amor. Reparemos en cómo ella
lo ve al comienzo del libro en 1:16: *He aquí que tú eres hermoso,*
amado mío, y dulce; nuestro lecho es de flores.

Si primero lo vemos a Él en su belleza, como amor completo
y perfecto, podremos luego ver sus cualidades sobre nosotros en
cada acción.

Pero ¡muchos creyentes empiezan al revés! Y preguntan:
"¿Dónde está Dios en estas circunstancias?". O "¿Por qué Dios
no hace algo en esta situación primordial de mi vida? Y sufren
por no obtener respuesta. Pero comparto el secreto: empieza
por verlo a Él completo, para que luego puedas ver sus hermo-
sas acciones, y eso te lleve nuevamente a verlo completo tal cual
es.

A José, los hermanos lo detestaban; lo vendieron, fue esclavo, pasó mucho tiempo en la cárcel. Pero nunca vemos a José quejarse en ningún momento. ¿Cómo fue que pudo sostenerse en pie? Al final del relato, José termina siendo virrey de Egipto. Un día, sus hermanos vinieron a pedirle pan y, dándose cuenta de que su hermano al que habían vendido era la persona más poderosa del reino, tuvieron miedo. Pero José les compartió su secreto. Dice Génesis 50:20:

> *Vosotros pensasteis mal contra mí, mas Dios lo encaminó a bien, para hacer lo que vemos hoy, para mantener en vida a mucho pueblo.*

José vio el cuadro grande. Vio que Dios era su Amado y eso lo llevó a confiar en que Él intervenía en cada uno de sus actos y circunstancias.

¿Cuál es la descripción detallada que hace la amada de su Amado en Cantares? Comienza siempre como David en el Salmo 45:2: *Eres el más hermoso de los hijos de los hombres,* y luego verás la belleza de Dios en cada acto de tu vida.

Díselo ahora.

Carta 35

¿QUÉ HACER PARA TENER MUCHAS MÁS REVELACIONES Y QUE ESTAS SEAN GLORIOSAS?

Todos podemos tenerlas. Comienza por seleccionar un pasaje; léelo muy despacio; luego; repite una a una las palabras, mastícalas, disfrútalas, bésalas. Eso es orar un pasaje, es respirar la Palabra. Ahora, comienza a meditar en lo que dice, retenlo en tu espíritu todo el día y permite que esa Palabra (Cristo mismo) libere su luz en ti. Practiquemos ahora.

Mi amado es para mí.   (Cantares 1:13-14)

Luego de orar el pasaje, medítalo: ella ve a su Amado en función de lo que Él le da.

Mi amado es mío, y yo suya.   (Cantares 2:16)

Luego de orar el pasaje, medítalo: ella avanza en su relación y se entrega a Él (aunque sigue poniéndose primero ella, en función de lo que recibe).

Yo soy de mi amado, y mi amado es mío.   (Cantares 6:3)

Luego de orar el pasaje, medítalo: dice lo mismo que en el capítulo 2, pero ahora cambia el orden, siendo Él la prioridad; sin embargo, aun así, piensa en ella.

Yo soy de mi amado, y su deseo tiende hacia mí.
                                        (Cantares 7:10, LBLA)

Luego de orar el pasaje, medítalo: ahora ella se ha entregado por completo y ve que lo más importante es que Él es feliz deseándola.

¿Quieres tener revelaciones de parte de Dios? Lee, ora y medita en su Palabra hasta llegar al último nivel.

¿En qué nivel de lectura de la Biblia estás en estos momentos de tu vida?

Carta 36

¿CÓMO PUEDO CRECER EN MI VIDA ESPIRITUAL?

¿Cómo es que la amada en Cantares tiene un aumento de su Señor? ¿Cómo es que ella se mantiene "llena del amor"? Esto dice en Cantares 1:13-14:

> *Mi amado es para mí un manojito de mirra, que reposa entre mis pechos. Racimo de flores de alheña en las viñas de En-gadi es para mí mi amado.*

La abeja va de flor en flor en primavera; no va a pasear, sino que revolotea con un objetivo específico: buscar miel en las flores. Cuando la encuentra, la toma, la lleva a la colmena, y allí separa la cera y hace el panal. Sale a buscar miel. ¿Qué hace la amada para mantener su fuego? ¡Lo mismo! Ella va y busca la miel en su Amado. Ella pone toda su atención en Él, lo busca a Él, lo desea a Él. A eso lo llamo el "vuelo del amor". Desde esta perspectiva puedes ahora tener mayor claridad del pasaje mencionado.

Ella lo busca y, con cada revelación que ha encontrado de Él, ha construido un manojo. Sucede lo mismo con nosotros. Cada día, a cada momento, al buscar algo nuevo de Dios, podremos armar nuestro manojo de vivencias y ponerlas en nuestro corazón. Nunca dejes pasar un día sin buscar algo nuevo de Él.

Ella se ha llenado de Dios; por eso, cuando el Amado la mira, le dice en Cantares 4:11:

> *Como panal de miel destilan tus labios, oh, esposa; miel y leche hay debajo de tu lengua; y el olor de tus vestidos como el olor del Líbano.*

Ella ha tomado del amor de Él y ahora ¡de ella brotan miel y leche! Vive en la tierra prometida que fluye leche y miel.

Así hoy podemos buscar a Dios en cada situación y verlo cada día. Algunas parejas no hablan nunca y pretenden con una salida o un gran regalo llevarse mejor. Algunos padres no hablan con sus hijos; pero cuando viene el fin de semana esperan ahora poder conversar. ¡No! Tal cual no funciona en el ambiente natural, tampoco funciona en lo espiritual. La amada día y noche hace el vuelo del amor y construye su racimo. Así, el amor que ella experimenta le hace verlo a Él más bello, y esa belleza que contempla la hace amarlo más. Ese es el secreto para que tu vida crezca siempre.

En Cantares 7:13 ella dice:

Las mandrágoras han dado olor, y a nuestras puertas hay toda suerte de dulces frutas, nuevas y añejas, que para ti, oh amado mío, he guardado.

Cuando ella mira hacia atrás, ve que en su vida hay toda suerte de dulces; ella invirtió tiempo en buscar algo nuevo de Él.

¿Estás dispuesto a comenzar a volar el vuelo del amor hacia el Señor?

Carta 37

¿CUÁL ES EL SIGNIFICADO DE CANTARES 8:6: "FUERTE ES COMO LA MUERTE EL AMOR"?

La muerte nos alcanza a todos, es universal. Nadie escapa a ella, es inherente a todo ser viviente. Así también es el amor de Dios: alcanza a todos sin importar condición, edad, pueblo. La muerte pone fin a la vida; el amor de Dios pone fin a la vida del alma. La muerte es un tránsito hacia su presencia; su amor es su presencia. Su amor es como la muerte del fuerte, porque me hace morir a todo para que pueda vivir para Él. Si la semilla cae y muere, ¡trae vida!

La novia descubrió que su amor la llevó a morir para resucitar en Él.

Ella dice que "las muchas aguas no podrán apagar el amor, ni lo ahogarán los ríos" (Cantares 8:7). Descubrió que las aguas de los problemas (enfermedad, pobreza, etc.) no pueden vencer a Dios, porque Él no tiene amor, ¡Él *es* amor! Las lluvias de las circunstancias no pueden tampoco vencerlo.

Los hermanos de José lo vendieron como esclavo y le contaron al padre que un animal lo había matado. Así Jacob pasó muchos años de su vida teniendo duelo por su hijo José, a quien creía muerto. Cuando Jacob, ya anciano, fue hacia Egipto y vio que su hijo José vivía y que tenía la magna posición de segundo líder allí, dijo en Génesis 46:30: *Muera yo ahora, ya que he visto tu rostro, y sé que aún vives.* ¡La alegría del amor absorbió su misma muerte! Fue tan grande el amor que experimentó al ver a su hijo, que ese amor venció la tristeza de la muerte.

El amor de Dios vence todo. Te amamos, Señor, y nos dejamos amar por ti.

Cuando un padre ama a sus hijos, siente y percibe su dolor. Cuando un hijo sufre, su padre sufre con él. Cuando un hijo está enfermo, su padre en su amor percibe ese dolor y sufre aún más que el mismo hijo. ¡Qué amor el de una mamá o un papá amorosos! Ellos harían lo que fuera por su hijo. Pero... ¡el amor de Dios también percibe nuestro dolor y sufre aún más que nosotros mismos! El Espíritu de su amor gime por nosotros, pero hace algo más: absorbe todo nuestro dolor, toda nuestra tristeza. No solo Él se identifica con nuestro sufrimiento, sino que su amor lo toma y lo transforma en su gozo.

¡Sí! *Fuerte como la muerte es el amor* (Cantares 8:6)

¿Y qué significa "fuerte como la muerte es el amor"? La respuesta está en el Hijo, Jesucristo, su amor que absorbe todo y
todo lo vence.

Carta 38

¿CUÁLES SON LAS DEMANDAS DE NUESTRO REY HACIA NOSOTROS?

Dios, en Cantares 8:6 nos habla: *Ponme como un sello sobre tu corazón, como una marca sobre tu brazo.* Aquí el Rey le habla a su amada y le hace una serie de pedidos amorosos para poder nadar en su amor. Le pide que lo ponga "como un sello", esto es, "entrégate a mí para que yo pueda *sellarte* como propiedad mía y sepas que nadie podrá alejarte de mí". Este sello debe estar en lo externo ("tu brazo") y en lo interno ("tu corazón"). Es como si el Señor nos dijera que tanto nuestra alma como nuestro espíritu deben estar bajo su pacto de amor: "Puedo pedirte que me entregues *manos* y *corazón* porque eso fue lo que yo entregué en la cruz del Calvario por ti. Me di por completo para ahora poder sellarte por completo".

Ahora la comunión con Él es directa, vívida y completa. La entrega de la amada es pura y está completamente dedicada al amor de Dios. Ella podría hacer suya la frase: "Nada me puede separar del amor de Dios" (ver Romanos 8:39). Este es el pacto eterno: "Allí en tus brazos pondré los míos y en tu corazón, mi corazón para ser uno y llevar el conocimiento de mi gloria a toda la tierra". Dicho pacto significa que Dios nos promete: "Todo lo mío es tuyo". ¡Esto es glorioso! Miremos qué le sucedió a la amada.

BESAR LA PALABRA

Ella, cuando empieza su comunión, le dice a Él que la bese con los besos de su boca (Cantares 1:2), esto es, ¡dame tu Palabra! Quiero unirme a ella.

En Cantares 8:1 le dice: *Te besaría*. Ahora ella le quiere dar la Palabra a Él. Ella ya habla su Palabra con la que fue besada al comienzo. En un principio ella pidió una palabra; pero ahora, con esa palabra, lo adora y la declara. Ambos se han unido. Hablar su Palabra es unirnos con Dios.

INTRODUCIRSE EN INTIMIDAD

Dice Cantares 1:4: *Atráeme; en pos de ti correremos*. Ella le pide ser arrastrada, ser llevada por Él a la intimidad. A lo secreto de Él. Y Cantares 8:2: *Yo te llevaría, te metería en casa de mi madre*. ¡Ella ahora lo lleva a su recámara! A lo secreto de ella.

SU PERFUME

Dice Cantares 1:3: *Tu nombre es como ungüento derramado*. Ella huele su aroma y fragancia.

Dice Cantares 1:12: *Mi nardo dio su olor.* Ahora ella, con el Rey, libera su perfume. Todo lo recibido por Él vuelve a salir de nosotros. Eso es el aumento de Cristo.

SER FORMADO Y FORMAR

Dice Cantares 1:7: ¿Dónde *apacientas, dónde sesteas al mediodía?* Ella le pregunta al amado pastor cómo debe hacer para ir donde Él está.

Dice Cantares 1:8: *Y apacienta tus cabritas junto a la cabaña de los pastores.* Él le dice que ahora ella debe cuidar a otros.

¿Eres presto para cuidar de otros?

¿Estás siendo discipulado para discipular?

Nos corresponde a nosotros discipular a los nuestros.

PERTENECER A MÍ Y YO A ÉL

Dice Cantares 6:3: *Yo soy de mi amado y mi amado es mío.* Me entregué a Él, vivo en Él; y Él se entregó a mí y vive en mí.

ME DA PARA DISFRUTAR Y PRODUZCO PARA OTROS

Dice Cantares 2:4: *Me llevó a la cámara del vino* (JBS). Él la lleva a beber del vino del gozo, de las palabras, de la alegría.

Dice Cantares 7:7: *Y tus pechos son como los racimos de su fruto.* Ahora ella produce gozo, ¡vino para dar a otros!

CÓMO ME VEO Y CÓMO ME VE ÉL

Dice Cantares 1:6: *Soy morena, porque el sol me miró.* Ella se ve mal a sí misma, le dice que, al trabajar al aire libre, el sol quemó su piel. Ella misma se mira y se ve fea. ¡Pero Él la ve hermosa!

Dice Cantares 4:7: *Toda tú eres hermosa, amiga mía, y en ti no hay mancha.* Él le muestra cómo la ve a ella. Le enseña a dejar su mirada del alma humana para verse como Él la ve en su amor divino.

LA AGREDEN; PERO ELLA TIENE PAZ

Dice Cantares 1:6: *Los hijos de mi madre se enojaron conmigo* (LBLA). Ella cuenta cómo su familia, enojada con ella, la ha llevado a trabajar en las viñas, lo cual le produjo ser quemada por el sol.

Dice Cantares 8:10: *Fui a sus ojos como quien halla paz* (LBLA). Ella corrió de su familia a Él y allí tuvo paz. Ya no necesita pelear.

PERDER Y RECUPERAR LO PERDIDO

Dice Cantares 1:6: *Y mi viña, que era mía, no guardé.* Ella trabajó las viñas de los demás y descuidó la propia.

Dice Cantares 8:12: *Mi viña, que es mía, está delante de mí.* Ella ahora aprendió a cuidar y a recuperar lo perdido.

¿Te gustaría renovar ahora ese pacto?

Carta 39

¿QUÉ TIPOS DE DECLARACIONES PODEMOS HACER EN MOMENTOS DIFÍCILES Y CUÁNDO HACERLAS?

Dios nos dio la capacidad de hablar. No solo para relacionarnos entre nosotros, sino, en primera instancia, para hablar su Palabra.

Existen muchos tipos de declaraciones. Hay de prosperidad; de confesión por su sanidad, o de victoria, por mencionar algunas. Pero descubrí en Cantares, luego de orar sobre sus versículos, que la amada hace "declaraciones de amor". Y son de dos clases. Una es la que le declara a su amado: quién es Él para ella. ¡Le dice a Él lo que es! Y después ella mira sus circunstancias y ¡también les dice a estas lo que Él es!

Hay momentos difíciles en los que parecería que Dios no nos dice qué declarar; como si hubiera un silencio de Él. ¡Esto es porque nos está invitando a declarar su belleza! Como si nos dijese a nosotros: "Elige y expresa lo que está en tu corazón. Elige tus "declaraciones de amor".

Las llamé "declaraciones de amor", y es en los momentos duros, tristes o difíciles cuando podemos decirle a Él en lenguaje romántico, amoroso e íntimo, cuán bello y hermoso es para nosotros y cuánto lo amamos. Recuerdo aquí la forma en que la amada declara su amor a su Amado:

"Tu nombre es perfume derramado".

"Tus amores son mejores que el vino".

"Atráeme en pos de ti y correremos".

"Tú eres hermoso, amado mío".

"Las vigas de nuestra casa son de cedro".

"Mi amado es mío y yo de Él".

"Apresúrate, amado mío".

Ella también les declara palabras a sus circunstancias. De igual manera, párate delante de tu situación y dile a tu "montaña":

"Mi amado es resplandeciente".

"Bajo la sombra del deseado me senté y su fruto fue dulce a mi paladar".

"Me llevó a la casa del banquete y su bandera sobre mí fue amor".

"Es la voz de mi amado, he aquí que él viene".

"Él es señalado entre diez mil".

"Las muchas aguas no podrán apagar este amor".

Las declaraciones amorosas nos unen a Él y llenan toda circunstancia del amor que nunca deja de ser, que todo lo puede y todo lo vence, que nos hacen decir:

> *Por lo cual estoy seguro de que ni la muerte, ni la vida, ni ángeles, ni principados, ni potestades, ni lo presente, ni lo por venir, ni lo alto, ni lo profundo, ni ninguna otra cosa creada nos podrá separar del amor de Dios, que es en Cristo Jesús Señor nuestro.* (Romanos 8:38-39)

Exprésale a Dios tu amor; y diles a tus circunstancias quién es Él.

Carta 40

¿LA VIDA CRISTIANA TIENE NIVELES O GRADOS?

Hay dos niveles que Dios trabaja en nosotros. No se puede llegar al nivel uno sin pasar por el dos. La mayoría de nosotros vamos del nivel uno al dos y del dos al uno simultáneamente. Son muy pocos (si es que los hay) los que del uno pasan al dos, para vivir constantemente en el nivel dos. Veamos cada nivel y dónde está su enfoque.

Miro las circunstancias: cómo son, por qué suceden, cómo me afectan.

Lo miro solo a Dios: qué puedo ver, disfrutar y aprender de Él; qué hace Él en mis circunstancias.

Me miro a mí mismo: qué deseo, qué experimento, cuáles son mis fortalezas y debilidades.

Miro a Dios: cómo es, qué estoy aprendiendo de Él.

Pido cosas, bendiciones. Tengo deseos.

No pido nada. Mi único deseo es disfrutarlo a Dios, y fuera de Él, nada deseo.

Cumplo con su voluntad, sujeto mi voluntad a la suya (hay dos voluntades, una obedeciendo a la otra). No tengo voluntad, se ha muerto. Así, mi deseo está fusionado al de Él. Vivo su vivir, somos uno, hay un solo querer: el de Él.

Vivo para obedecer lo que me dicen.

Vivo abandonado, entregado a Él.

Veo las circunstancias.

Solo veo a Dios.

Pregunto el porqué de las circunstancias. Trato de ver cómo Dios me guía en determinadas cosas. Miro los acontecimientos para entender qué sucede.

No pregunto por cada circunstancia. Estoy abandonado a Él. Como lo expresó un autor: "Tengo una dulce y simple espera". Me entrego a su amor; y entienda o no por qué sucede lo que sucede, confío en su plan perfecto.

Miro cómo Dios actuará en esas circunstancias cambiándolas.

Miro cómo Él me transformará a la imagen de Cristo por esas circunstancias.

Vivo y aprendo de los atributos de Dios. Tomo "algo", una característica de Dios.

Vivo en su amor. Aquí tomo todas las características juntas porque lo tomé a Dios mismo.

Llevo a la cruz lo que el Espíritu me dice: conductas, pecados, etc.

Vivo en la cruz de manera "automática" las 24 horas. Mi todo.

Miro lo que Dios puede hacer por mí.

Miro lo que puede hacer Dios a través de mí para Él.

Miro a la gente: qué hacen y qué no. Me duele cuando me fallan y traicionan.

Solo lo miro a Él. Ya no me afecta lo que hacen o dicen de mí.

Reacciono a mi mundo interno: mis emociones y pensamientos; y al mundo externo: tiempo, espacio, circunstancias, y demás.

Nada de lo externo o interno me guía. Solo su amor es mi todo, fuente y guía.

Te habrás dado cuenta de cómo vivimos mucho tiempo en el nivel uno y algunos momentos en el nivel dos. Todo el ciclo es la alternancia de estos dos niveles.

¡Cuanto más vivimos en el nivel dos, más moramos en su gloria! En ser uno.

Pero vayamos más profundo. Para pasar al nivel dos, o vivir en el nivel dos, debemos cruzar de un foco a otro. A lo largo de la historia se han utilizado ciertos términos para referirse a este segundo nivel: "consagrarse", "rendirse", "vivir a Cristo", entre otros. Todas son correctas porque cada una enfatiza algo distinto. Pero quiero rescatar otra, y es la palabra "abandono". Veamos en primer lugar lo que no es.

El abandono no es no hacer nada, o ser perezosos, dejados, apáticos; tampoco es ser estoicos, insensibles, descuidados, resignados, improvisados, pasivos o postergados. Ni siquiera es un esfuerzo, ni una lucha por mejorarme a mí mismo.

Ahora veamos lo que sí es.

El abandono consiste en despojarnos de nuestra propia voluntad y vida para dársela a Dios. Es como Pablo lo veía: *Ya no vivo yo, más vive Cristo en mí* (Gálatas 2:20). Es verlo a Él en todo. Ya nada querré ver ni desear en las cosas temporales sino solo a Dios, a quien amo. Anhelo su santa voluntad como guía única que me conduce. Rindo mi querer a su querer (y esa rendición tampoco es mérito mío sino un don de Él que me permite someterme).

No es "imitar" a Jesús sino "vivirlo a Él". Estas son algunas imágenes de abandono según un autor místico:

+ Un bebé que duerme en brazos de su mamá.

+ El agua que toma la forma del vaso.

+ Una vasija que toma forma según las manos del alfarero.

+ Un guante que cobra vida por la mano que lo utiliza.

+ Un niño que se deja llevar por la mano cariñosa de su madre.

+ Un barco que es movido por el dulce viento.

+ Un regalo que damos para ya estar en otras manos.

+ Un saquito de té que lleva el agua y se hace uno con este.

+ La unión de la rama a la vid que es nutrida por su savia.

+ El vuelo de un águila; un moverse en su mover.

Así lo describe bellamente Dom Vital Lehodey: "Al alma todo le parece igualmente bueno: ser mucho, ser poco, no ser nada; mandar, obedecer a éste y al de más allá; ser humillada, ser tenida en olvido; padecer necesidad o estar bien provista; disponer de mucho tiempo o estar abrumada de trabajo; estar sola o acompañada y en aquella compañía que uno desea; contemplar el extenso camino ante sí o no ver sino lo preciso del suelo para poner el pie, sentir consuelos o sequedades, y en tales sequedades ser tentada; disfrutar de salud o llevar una vida enfermiza, arrastrada y lánguida por tiempo indeterminado; estar imposibilitada y convertirse en carga molesta para la comunidad a la que se habrá venido a servir, vivir largo tiempo, morir pronto, morir ahora mismo; todo le agrada; lo quiere todo por lo mismo que no quiere nada, y no quiere nada mismo que lo quiere todo".

Toda vez que vivo en su vivir, abandonado a Él, ¿qué sucede? Experimento su fuerza, su mover, sus anhelos, su deseo. Hay un querer y hacer por Él. Hay deseos, pero no son los míos sino los de Él. Esta fuerza divina de su vivir solo es genuina si he pasado al nivel dos. El alma imita muy bien lo que acabamos de decir. Este vivir a Cristo es un estado del ser interior, de vida sobrenatural, inimitable, que no se produce por esforzarse sino por rendirse. Es la muerte de la inquietud; es la paz de Dios que sobrepasa todo entendimiento. Es el "Dios tiene cuidado de nosotros"; o el "todo lo puedo en Cristo". Pero no como un saber de teoría sino como un vivir, una experiencia hermosa llena de Él. Es nadar, ya no en el río de Su amor sino en el océano infinito de su hermosura.

El amor hace que los que aman tengan un mismo querer. Dios nos une a su corazón en amoroso abrazo y, al unirnos, nos mezclamos hasta confundirnos con Él y formar un solo ser. Lo dice así en sus sermones el Maestro Eckhart: "El ojo a través del cual veo a Dios es el mismo ojo a través del cual Dios me ve a mí; mi ojo y el ojo de Dios son un ojo, un ver, un saber, un amor".

La fe ahora es fuerte; el futuro, inquebrantable; el corazón, lleno de fuego.

Cuando se nos revela que Dios es amor, sin dudarlo nos abandonamos a Él. El amor es el lazo que une al amante con el amado y hace de los dos uno. El amor es la unión y, según el apóstol Juan: *El que permanece en amor permanece en Dios, y Dios en él* (1 Juan 4:16). Ese abandono no es un esfuerzo que hago sino una entrega que doy, una rendición, un morir al gobierno del alma para que Cristo reine.

¿Tienes ganas de abandonarte a Él de nuevo?

PALABRAS FINALES

Querido lector, gracias por todas tus preguntas. Me motivaron a buscar y conocerlo más a Él. Ha sido una bendición buscar darte una respuesta a tus inquietudes.

Luego de escribir tres libros anteriores, el Señor me dijo: "Ahora, Bernardo, te llevaré a *nadar* en mi amor. Ve a Cantares y te hablaré". Cada carta de este libro surgió durante la cuarentena en casa por la pandemia que sacudió al mundo. Estando en comunión con Dios durante esos días, recibí la capacidad de responderte de acuerdo con el libro de Cantares. La amada dice en 1:13-14 dos veces "para mí":

Mi amado es para mí un manojito de mirra… Racimo de flores de alheña… es para mí mi amado.

No es lo que leyó.

No es lo que escuchó de otros.

No es lo que siente.

No es lo que significa para otros.

Es lo que ella experimentó en su comunión íntima con Dios.

Luego de estas cartas de amor y sus respuestas, quiero dejarte ahora mi pregunta para que tú la respondas cada día: *¿Qué es Dios para ti?*

Solo los que tienen comunión pueden responder esa pregunta. Pero te pido que no me la respondas a mí, sino a Él cada día. Descubrirás que la respuesta que des será distinta y cada una traerá un aumento de Él y un nadar inefable en su amor.

En el capítulo 5:10-16, como ya vimos, ella describe al Amado, de pies a cabeza, lo ve en forma más completa, ve muchos aspectos hermosos de Él y ahora los comparte con otros.

Oro por tu vida, para que tu descripción de Él haya aumentado a partir de todo lo que compartimos en este libro. Ahora que terminas de leer estas cartas, ¡sal a contarles a otros cómo es tu Amado! ¡Háblales a todos de su belleza!

Ella le dice al Amado en el 7:11: *Ven, oh amado mío, salgamos al campo, moremos en las aldeas.* Es hora de ir al campo, al mundo, y pasar la noche en las aldeas. Es una sola vida la que tenemos aquí. Somos peregrinos aquí, estamos de paso, y ahora es el momento de salir a contarles a todos quién es Él.

En 8:1, ella le dice: *¡Oh, si tú fueras como un hermano mío…!* En la antigüedad la pareja no podía besarse o expresar su amor públicamente; pero los hermanos sí podían tomarse de la mano y quererse. ¡Ella desea hacer público su amor! Él la llama a ella "hermana mía", es decir: "Quiero que compartas con otros mi amor". Ahora ella no quiere guardarse para sí "ninguna carta de amor" sino darla a otros.

En 8:5 dice algo glorioso: *¿Quién es esta que sube del desierto, recostada sobre su amado?* Ahora la gente que la observa, ve varias cosas:

+ Ven a la amada apoyada sobre el hombro de su Amado. (Sé que recordaste al apóstol Juan recostado en el pecho del Señor Jesús). Ella no tiene varios apoyos en su vida; solo uno: Dios. Mientras caminemos en esta tierra, hablando de Él, todos verán que lo hacemos apoyados, descansando en Él, quien es nuestra fuente y paz en cada paso que damos.

+ Ven que ella "sube del desierto", no desciende; cada paso es ascendente.

+ Ven que Él es su amado, no un simple amigo. ¿Qué es Él para ti? ¿A quiénes saldrás a compartirles lo que vives en comunión con Él?

David Livingstone, misionero en África, escribió una oración que quiero hacer por ti y por mí para cerrar este libro: "Desata toda atadura, a excepción de la atadura que me une a tu servicio, y a tu corazón. Amén".

Dice en Cantares 8:11:

Salomón tuvo una viña en Baal-hamón, la cual entregó a guardas, cada uno de los cuales debía traer mil monedas de plata por su fruto.

Aquí vemos que Salomón tenía un viñedo y se lo dejó a los guardas para que lo trabajaran. Ellos, a cambio, debían darle a él una paga de mil monedas de plata. Aquí vemos un cuadro de la ley: trabajar bajo el esfuerzo, el deber, la obligación. El "dar para recibir".

¡Ella tiene otra actitud para con el Amado! Dice 8:12: *Mi viña, que es mía, está delante de mí.* Ella sabe que la viña es de Él y que también es de ella y que fue Él quien se la dio (seguro recuerdas cuando el padre del hijo pródigo le dijo al otro hijo: *Todas mis cosas son tuyas* [Lucas 15:31]). Y la amada le dice en el mismo versículo: *Las mil serán tuyas, oh Salomón, y doscientas para los que guardan su fruto.* Esto es: "Sé que es tuya y también, mía; quiero darte igual las mil porque quiero que tengas todo; no me quiero quedar con nada. Te doy, no por obligación sino por amor". ¡Eso es la gracia! Te sirvo, te doy, solo porque te amo, por gratitud. ¡Y además de eso, va más allá! Les da doscientas monedas a quienes la cuidan. Ella da mucho más porque el amor de Dios la inundó sin límites. Ella le da al Amado y les da a quienes trabajan.

Ahora el Amado tiene la última palabra. En 8:13 habla Él; y en el siguiente versículo 14 ella. Dice Él: *Oh, tú que habitas en los huertos, los compañeros escuchan tu voz, házmela oír.* Él no está con ella en el huerto. ¡Él ahora está en el cielo hablándole! Y ella, como nosotros, aquí en la tierra, en su jardín. Los compañeros somos nosotros; la Iglesia, su cuerpo. Él le dice desde el cielo: "¡No dejes de hablarme!". Aun cuando los ángeles lo adoran día y noche, Él desea oír nuestra voz, la voz de la comunión.

Dice ella: *Apresúrate, amado mío, y sé semejante al corzo, o al cervatillo, sobre las montañas de los aromas* (Cantares 8:14). Ella le pide a Él que se apresure, que venga pronto. Y así termina la Biblia: *Ven, Señor Jesús* (Apocalipsis 22:20). Ella no se olvida, como se aprecia en todo el recorrido del libro de Cantares, que Él sigue siendo *su Amado*.

El último monte con el que termina el libro es el monte del perfume que será nuestra cumbre eterna, la cima máxima: estar con Él y en Él por siempre y para siempre. "Y hasta que llegue ese día glorioso, que mi jardín continuamente produzca frutos para el deleite de tu corazón", dijera alguna vez Watchman Nee.

ACERCA DEL AUTOR

Bernardo Stamateas es pastor hace treinta y cinco años en el Ministerio Presencia de Dios, una iglesia que nuclea a más de setenta y seis países a lo largo de todo el mundo. Es un destacado escritor y conferencista a nivel nacional e internacional. Ha escrito más de cien libros, varios de los cuales se convirtieron rápidamente en éxitos de ventas, y aun hoy lo siguen siendo. Sus obras han sido traducidas a más de veintidós idiomas y son leídas por todos los sectores de la sociedad. Ha recorrido todo el territorio argentino brindando asesoramiento y capacitación, como así también cientos de charlas abiertas al público en general en las ciudades más importantes del país. Su nombre es referencia obligada a la hora de hablar de liderazgo y superación personal. Es Licenciado en Teología, título otorgado por el Seminario Internacional Teológico Bautista; Sexólogo clínico, formado en el Hospital de Clínicas; Doctor en Psicología, título expedido por la USAL; y candidato próximo al doctorado en Filosofía. Asimismo, se desempeña como terapeuta familiar y de pareja. Está casado con Alejandra y tienen dos hijas: Dámaris y Stefanía.

REFERENCIAS

Existen innumerables comentarios sobre el libro de Cantares. Aquí te recomiendo algunos. Este libro incluye muchas de las ideas de estos autores, de sus revelaciones, inspiraciones, incluso interpretaciones. Vaya para todos ellos el crédito y la honra.

DE WATCHMAN NEE:

El Cantar de los cantares (L.S.M. 1997).

De Witness Lee:

Estudio Vida: Proverbios-Eclesiastés-Cantar de los cantares (L.S.M. 2001).

La vida y la edificación: como se presentan en Cantar de los cantares (L.S.M. 2013).

Estudio de cristalización de Cantar de los cantares (L.S.M. 1998).

OTROS:

La vida interior (Vida, 1998).

Ironside, H.A, *Estudios sobre Cantar de los cantares* (Clie, 1989).

Simpson, A.B., *La vida del amor del Señor* (Clie, 1984).

Patterson, Paige, *Comentario bíblico Portavoz. Cantar de los cantares* (Portavoz, 1986).

Pacios, Antonio, *El amor* (Ediciones Acervo, 1982).

Taylor Hudson, J., *Unión y comunión* (Betania, 1975).

Los libros de Andrew Murray que hablan sobre intimidad y comunión.

Busca también los sermones de Charles Spurgeon; así como los libros de Madame Guyon y F. Huegel.

Estamos en deuda con estos hombres y mujeres que nos abrieron el libro para poder ver al Amado.